高齢者ふれあいレクリエーションブック

高齢者福祉の
ふれあいイラスト&四季の壁面

春の壁面

（作り方・型紙 P62～）

桜色に染めてうららかな春。

草花

作り方・型紙
（P66・67）

ふれあい

イラスト（モノクロ）
（P16〜）

※ここでは、カラー着色例です。

夏の壁面

（作り方・型紙 P68～）

（作り方・型紙 P68～）

華麗な花火で彩る、元気な夏。

草花

作り方・型紙
（P75のみ）

※ここでは、カラー着色例です。

ふれあい

イラスト（モノクロ）
（P22～）

秋の壁面

（作り方・型紙 P76～）

自然の移ろい感じて、深まる秋。

草花
作り方・型紙
（P81のみ）

※ここでは、カラー着色例です。

ふれあい
イラスト(モノクロ)
（P28～）

冬の壁面

（作り方・型紙 P82～）

雪の精が舞い降り、華やぐ冬。

草花

作り方・型紙
（P87のみ）

※ここでは、カラー着色例です。

ふれあい

イラスト(モノクロ)
（P34～）

シリーズ監修のことば

介護保険制度が2000年に始まり、各種高齢者施設も通所系サービスも、利用者がサービスを自己選択する時代を迎えました。この結果、職員は質の高い「高齢者本位」のサービスを提供することが強く求められています。こうしたサービスを提供していくには、施設や在宅サービスの職員は、高齢者の過去の生活や現在の心身の状況について理解しながら、心を通わせることが基本となります。こうしたふれあいは、高齢者には「視る」「聴く」「食す」「触る」「臭う」といった「五感」を豊かにしてくれるものであり、施設や事業者にとっては最も大切にしていかなければならないことです。

高齢者とのふれあいの中で、高齢者の五感を豊かにすることができるよう、『高齢者ふれあいレクリエーションブック』シリーズを刊行することとしました。このシリーズでは、介護の現場で働く皆様が、高齢者と関わる上ですぐに役立つものを提供することで、高齢者との素敵なふれあいを作っていただきたいと企画したものです。この書から、個々の高齢者のもっている残存能力が発見され、高まるものと確信しています。

是非、各種高齢者施設や在宅サービス事業者で働く職員の方々に、この『高齢者ふれあいレクリエーションブック』シリーズをご活用いただき、高齢者から高い満足感が得られ、選ばれる施設となるようご活躍いただくことを心から願っています。

大阪市立大学大学院　生活科学研究科
教授　白澤政和

本書の特長

本書には、高齢者福祉の関係施設や現場で、気軽に使っていただける多種多様なイラスト・カット、飾り・囲みイラスト、さらに、お誕生カード、予定表、カレンダー、献立予定表、ペーパークラフト壁面飾りなどを収録しています。高齢者福祉に携わる方たちと高齢者の方たちとの“ふれあい”をコンセプトにしており、日頃の業務に追われる現場職員・スタッフ各位のニーズに応えるものと自負しております。施設内の日常のインフォメーション活動やコミュニケーションツールとしてのおたよりなどに幅広くご活用ください。

《特長》

- 介護者や高齢者が多く登場する、あたたか味のあるイラスト・カット集です。
- 年間行事やふれあい活動、花などのイラスト・カットを満載。定期的に発行するチラシから、ご家族との通信、社内報、文集、年賀状まで、自由に幅広く使うことができます。
- ペーパークラフトの壁面飾りで施設の壁面を四季折々に飾っていただけます。さらに、高齢者といっしょに手作りする素材としてもお役立ていただけます。

特長1　ふれあいイラストで家族にアピール！

職員・スタッフと高齢者がいっしょに登場する、あたたかみのあるいろんなシーンのイラストを多数提供していますので、入所・通所の高齢者のご家族に施設などのよい雰囲気が伝えられます。

特長2　現場の細やかなニーズに応える各種イラスト・カット満載！

ふれあいのよい雰囲気を伝えるイラストの他にも…、
上品な四季の草花カット、飾り・囲みイラスト、十二支、レクリエーション、趣味、介護の各種イラスト、四季のお誕生カードの型紙、年間予定表、カレンダー、献立予定表などを掲載していますので、現場のより細やかなニーズにも対応できます。

特長3　カンタンにできる壁面をいっしょに作ってグレードアップ！

本書巻頭のカラーページに紹介した、ちょっとおしゃれな四季の壁面を作って飾れば、施設内の雰囲気のグレードアップにつながり、入所・通所の高齢者のみならず、今後の利用を考えておられる来所者にも好印象を与えることができます。
ていねいな作り方・型紙がついていますので、はじめての方でもカンタンに作ることができます。また、高齢者といっしょに作るときのポイントを掲載していますので、レクリエーションの一環としても使えます。

本書の使い方

■ふれあいイラスト　四季（季節ごとに下の４つのコーナーに分けて掲載しています）

- **イメージ**…………春夏秋冬の季節感とともに、職員・スタッフと高齢者のふれあいが伝わります。
- **行事**…………四季の各種行事における職員・スタッフと高齢者のふれあいの雰囲気を伝えます。
- **草花**…………ちょっと上品な季節の草花のカットです。おたより・ご案内などのグレードアップに。
- **飾り 囲みイラスト**…………上品な草花の飾り（罫）イラストは、おたより・ご案内など、小さなものに添えるとよいでしょう。かわいい感じの囲みイラストは、拡大して施設内の掲示物などに利用でき、またプレゼントに添えるメッセージカードにもなります。色画用紙にコピーしても楽しいものができます。

■ふれあいイラスト　レクリエーション、趣味、介護

（「ふれあいイラスト・四季」の補足も含んでいます）

☞ **必要に応じて、おたよりなどにお使いください。**

- ●お誕生カード
- ●年間予定表
- ●カレンダー
- ●献立予定表

画用紙（色画用紙）にコピー（あるいは拡大コピー）し、余白部分にイラストをあしらい、着色したり、折り紙をまわりにあしらったりして工夫してみましょう。プレゼントや掲示物としてのものですから、少しでも工夫するとずいぶん見映えが違ってきます

■四季の壁面・草花の作り方と型紙

☞ **巻頭のカラーページでイメージをつかんで作ります。**

材料で、Ａ２の台紙とありますが、Ａ３の色画用紙を２枚つなげばできます。この通りにしなければと考えず、手に入れることができないものは何かで代用し、工夫してみましょう。

☞ **高齢者といっしょに作るときには、まず綿密な準備が大切です。**

一度作ってみておくのが一番です。その上で、手順を決め、「ここを切ってください」「この色をぬりましょうか」「これをこんなふうにはってもらえますか」というようにして、てきぱきと進められるようにしておきましょう。

お願い（ご注意ください。）

もくじ

高齢者福祉の　ふれあいイラスト＆四季の壁面

お誕生日
おめでとうございます

STAFF
●壁面製作・イラスト・カット／イラストレーションチェツク（合田修二・黒岩多貴子）
●本文レイアウト／アド・コック（森高ハルヨ）
●撮影／長井写真事務所（長井淳一）
●編集協力／プランニングMaki（前田万亀子）、バックボウン（永井一嘉）
●企画・編集／安藤憲志、佐藤恭子

ふれあいイラスト
四　季

春のイメージ

春のイメージ

春の行事

春の行事

春の草花

春の飾り・囲みイラスト

夏のイメージ

夏のイメージ

夏の行事

夏の行事

夏の草花

夏の飾り・囲みイラスト

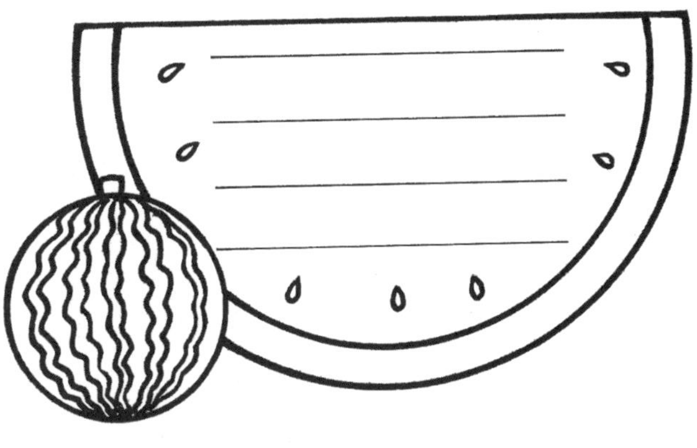

秋のイメージ

秋のイメージ

秋の行事

秋の行事

秋の草花

秋の飾り・囲みイラスト

冬のイメージ

冬のイメージ

冬の行事

冬の行事

冬の草花

冬の飾り・囲みイラスト

十二支

ふれあいイラスト

レクリエーション
趣味・介護

音楽・編み物・手遊び・折り紙・風船ゲーム・エクササイズ

料理・ひな祭り・伝言ゲーム・ふれあい体操

バス旅行・温泉・きのこ狩り・運動会・ラジオ体操

七夕・紙芝居・花火・金魚すくい・輪投げ・露天商遊び

カラオケ大会・長寿祝い・ダンス・お誕生日・踊り

グループ活動（体操と歌・かごめかごめ・肩たたきゲーム）

グループ活動（ボール運動・椅子体操・ジェスチャーゲーム・指体操・背伸び運動）

レクリエーションに生かす折り紙のあじさい作り

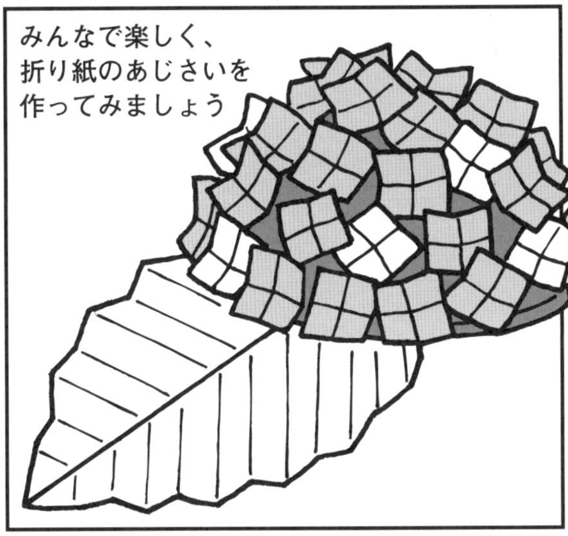
みんなで楽しく、
折り紙のあじさいを
作ってみましょう

〈あじさいの花〉

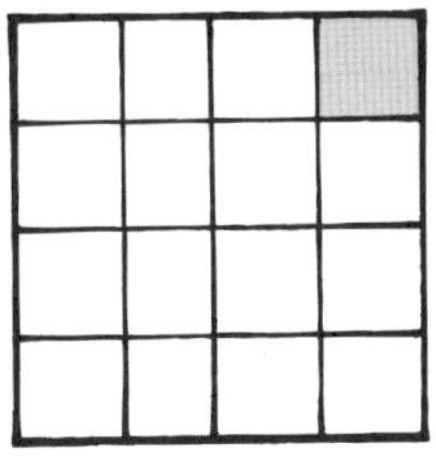

1.折り紙に、縦と横に折り目を付けて16分の1の大きさの四角形に切ります。

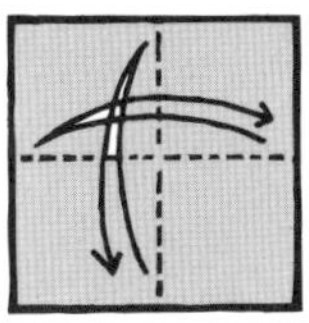

2.小さい四角形を表にして、縦、横に折り筋を付けて元に戻します。

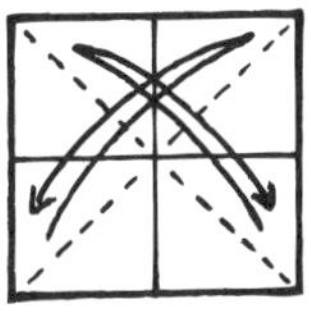

3.裏にして三角形に半分に折り目を付け、もう片方も同じようにします。

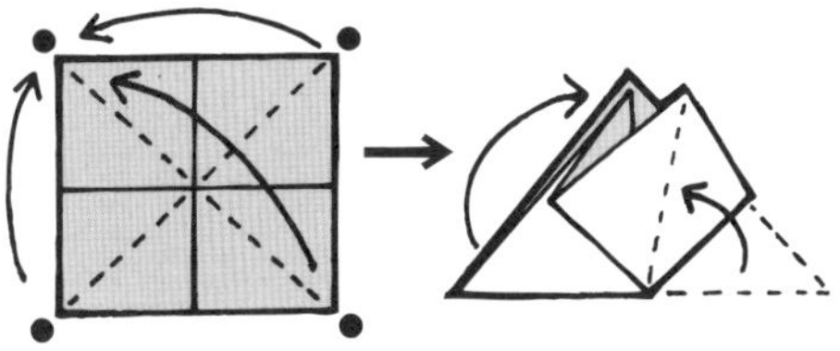

4.表にして、折り筋に合わせて●印を合わせるように折ります。

5.下の角を三角形に折り、左右を細長く折り、折り目を付けて元に戻します。

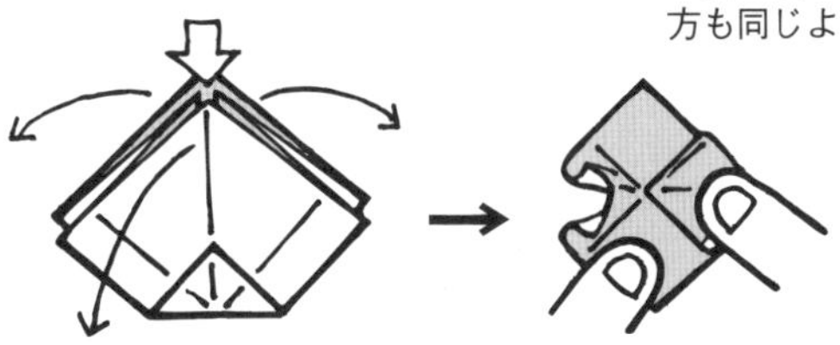

6.花を咲かせるように、きれいに開きます。

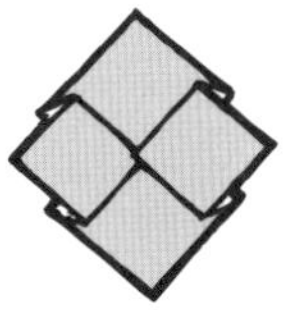

7.花が一つ出来上ります。

7.小さい花をたくさん作り、丸い空き容器のようなものに貼ると出来上りです。

〈あじさいの葉〉

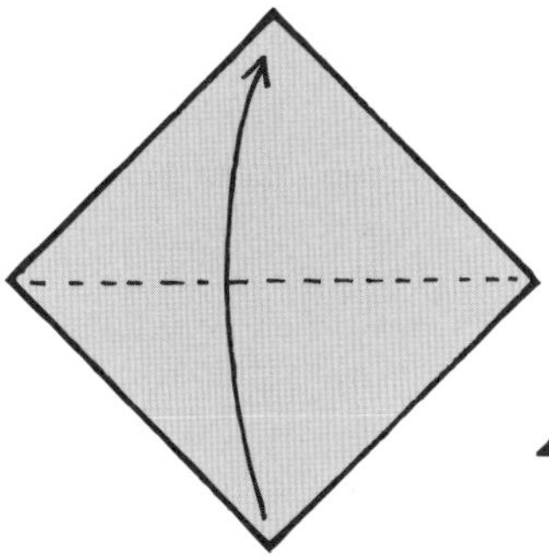

1.三角形に半分に折ります。

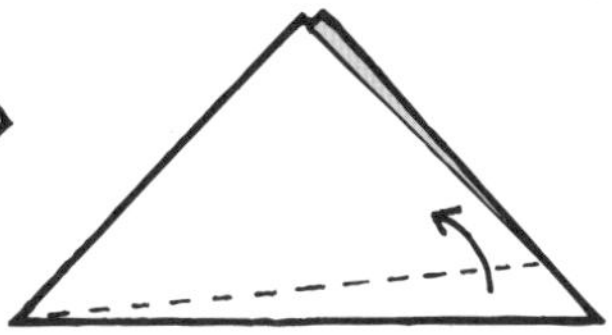

2.細長い三角形に折ります。

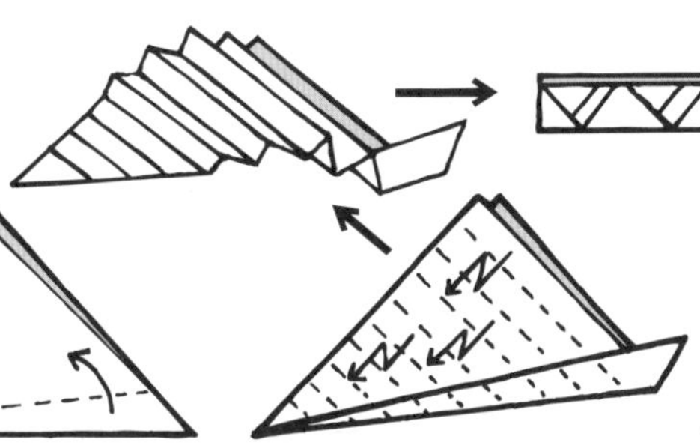

3.細長くだんだんに折ります。

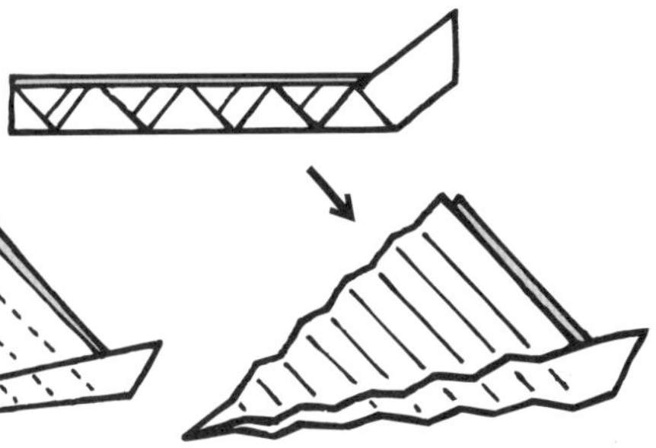

4.だん折りを開きます。

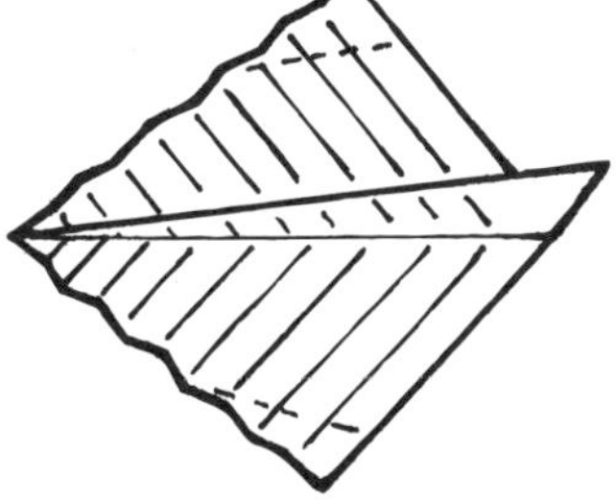

5.大きい三角形を開きます。

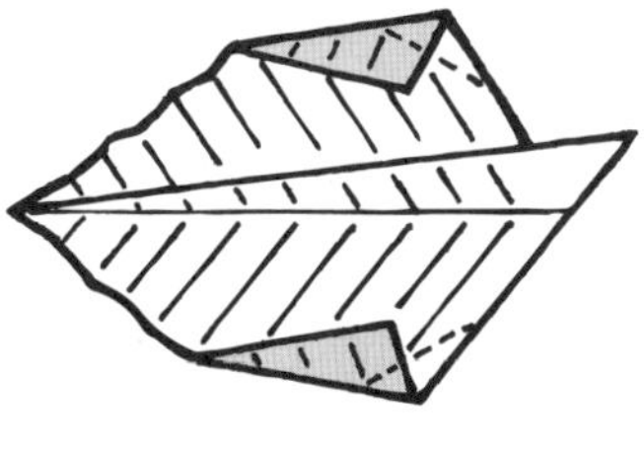

6.角を三角形に折ります。

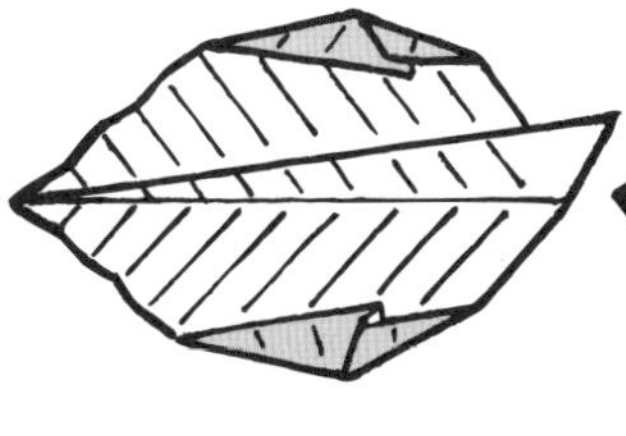

7.葉っぱの形になるように、また、三角形に折ります。

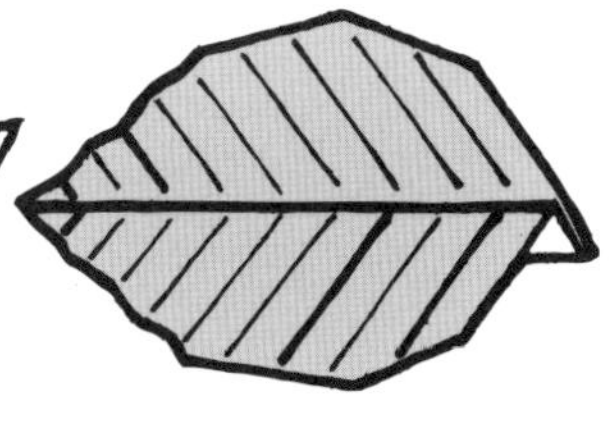

8.裏返します。
葉っぱの出来上りです。

参考図書『かならず折れるおりがみ③・つくろう、かざろう きせつのおりがみ』小林一夫・監修、ひかりのくに・刊

ふれあいイラスト
趣味

華道・歌唱・囲碁・書道・将棋・絵画

パソコン・俳句、和歌・茶道・社交ダンス・陶芸・園芸

介助（車椅子・歩行）・リハビリ（手指・歩行）・食事・椅子付手押車

健康診断（口腔・体重・血圧）・トイレ・シャワー・入浴・足ふき・体ふき

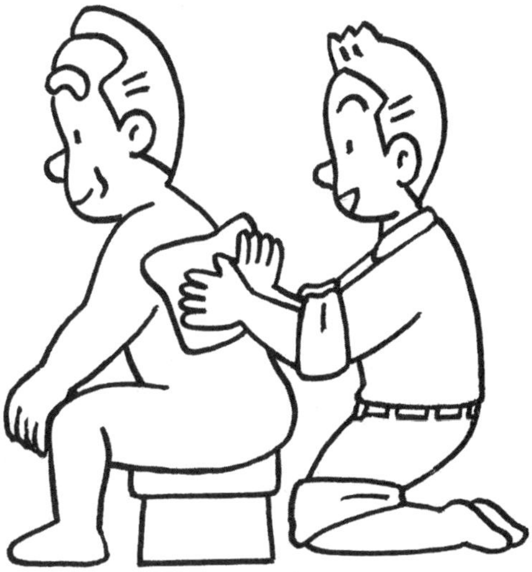

お誕生日カード・春

簡単にできるお誕生日カードの型紙です。

谷折り

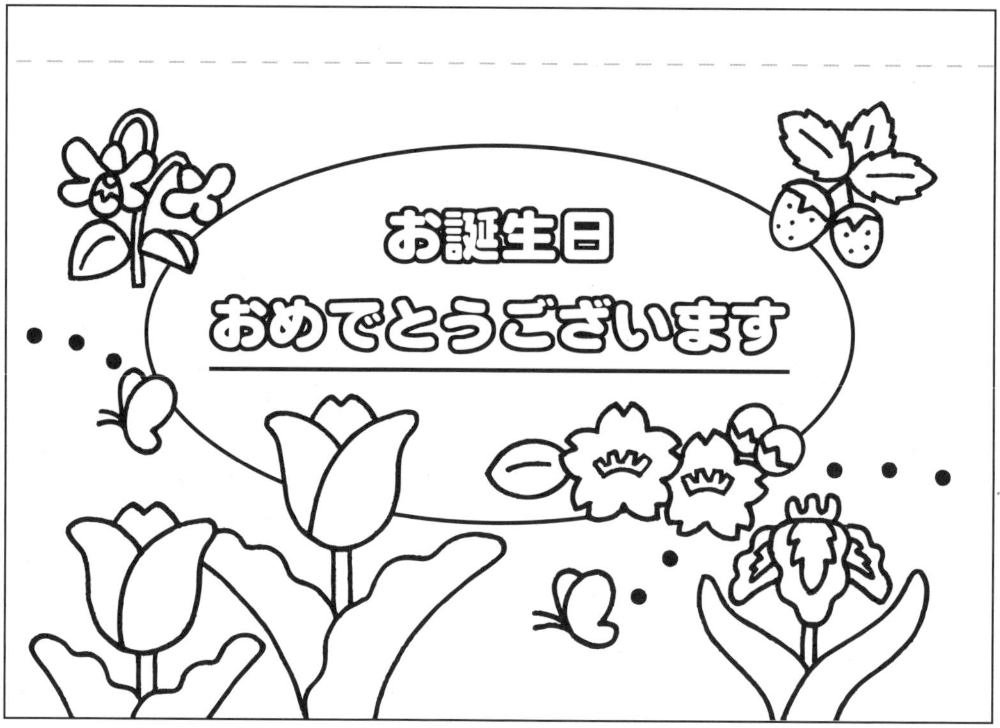
お誕生日
おめでとうございます

作り方

①画用紙などにコピーします。P54は拡大コピー（122%）します。
②色を塗ります。
③2枚をのりしろではり合わせます。
④写真をはり、メッセージを添えます。
⑤穴をあけ、リボンを結びます。

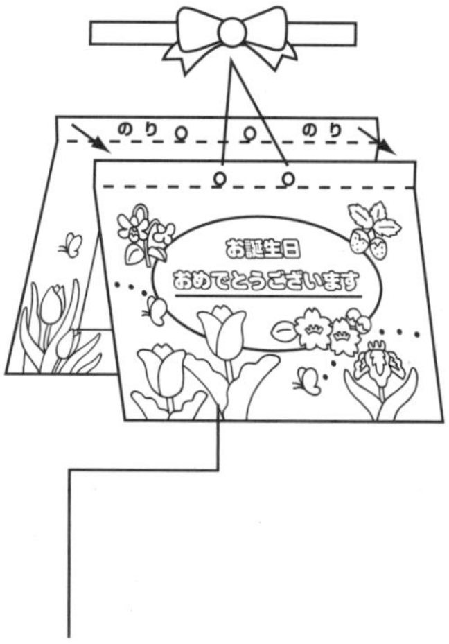
のり
のり
お誕生日
おめでとうございます

季節の花の折り紙などを表紙にはるといちだんと豪華に。

の　り
これからも益々お元気で
写真をはりましょう

※このページのみ122%（A4→B4）でB5判にして作ってください。

お誕生日カード・夏

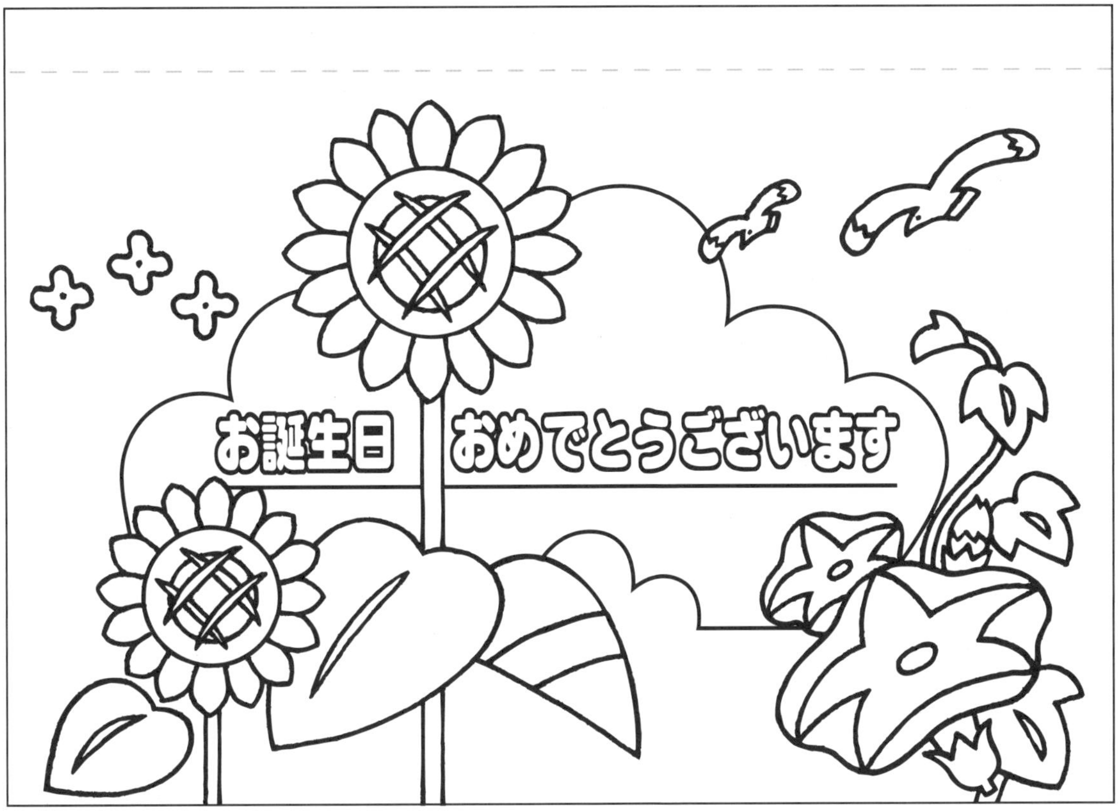
お誕生日　おめでとうございます

谷折り

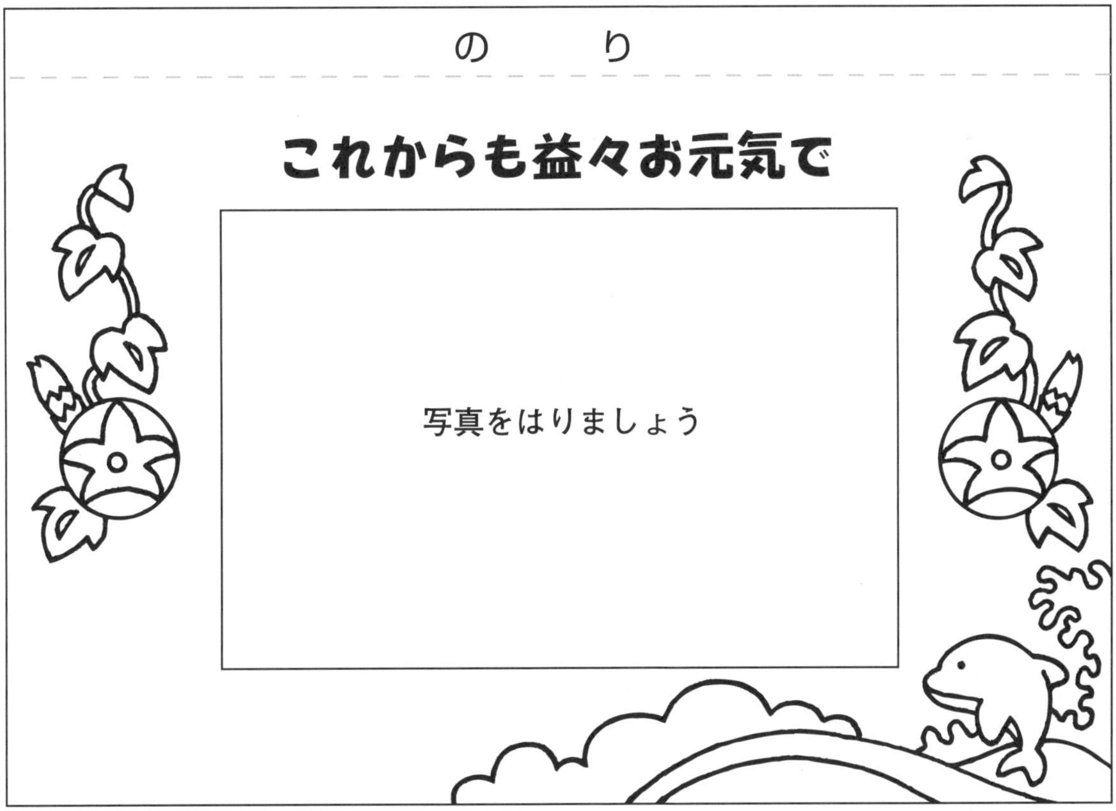
の　り
これからも益々お元気で
写真をはりましょう

お誕生日カード・秋

谷折り

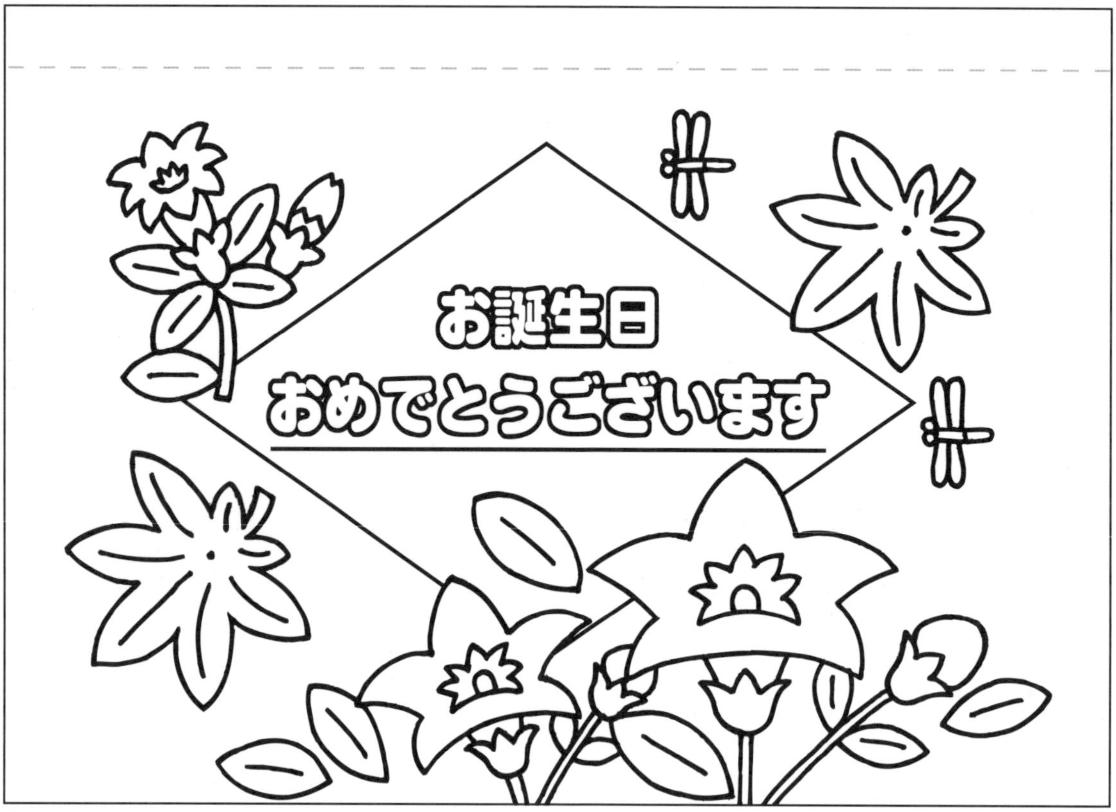
お誕生日
おめでとうございます

のり

これからも益々お元気で

写真をはりましょう

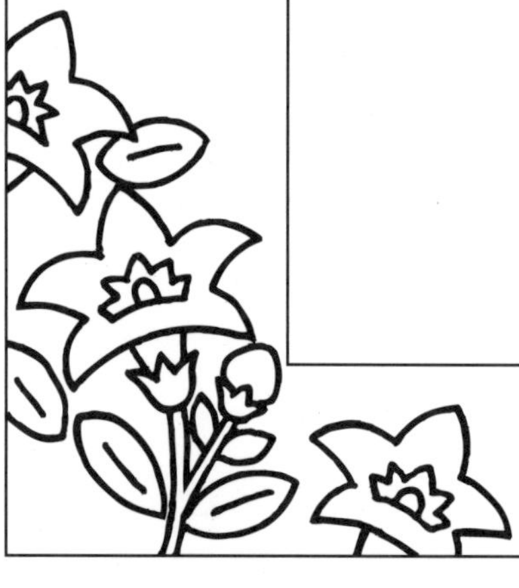

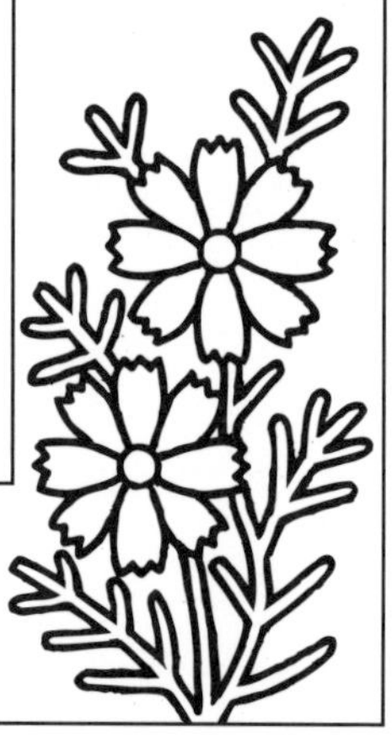

お誕生日カード・冬

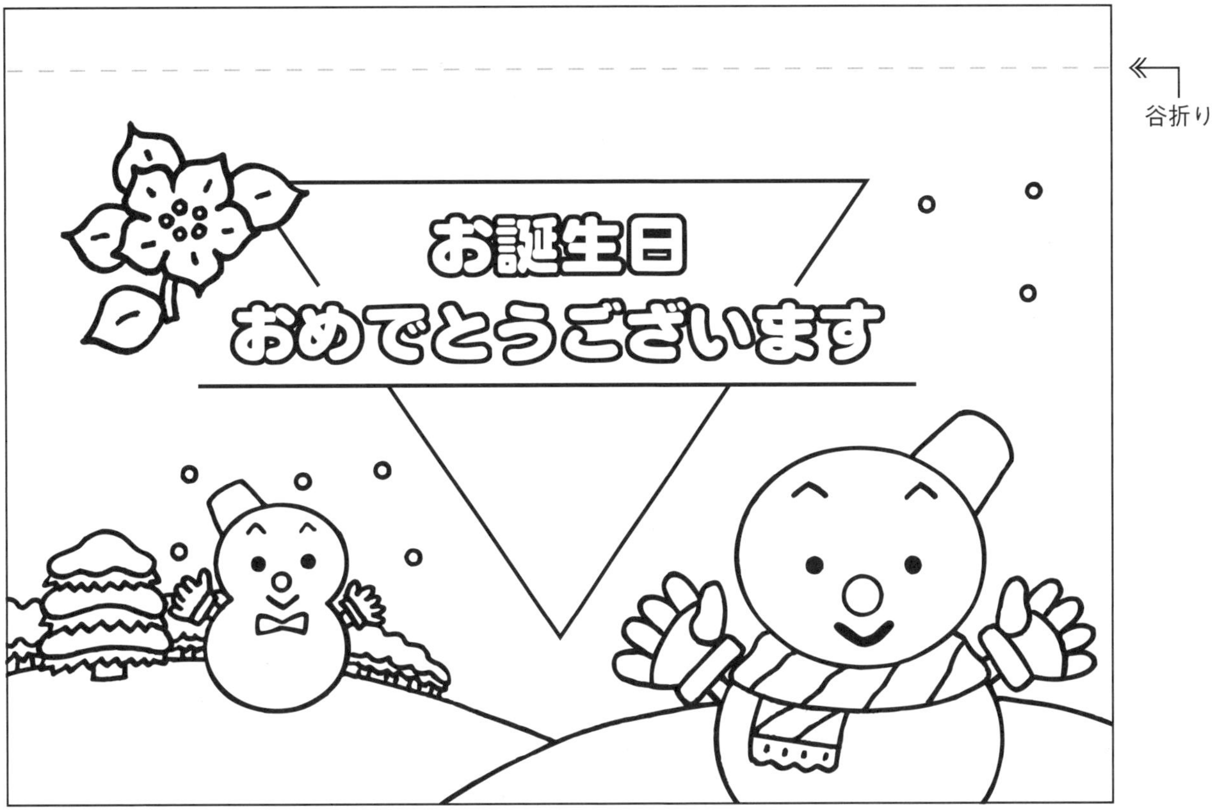
谷折り
お誕生日
おめでとうございます

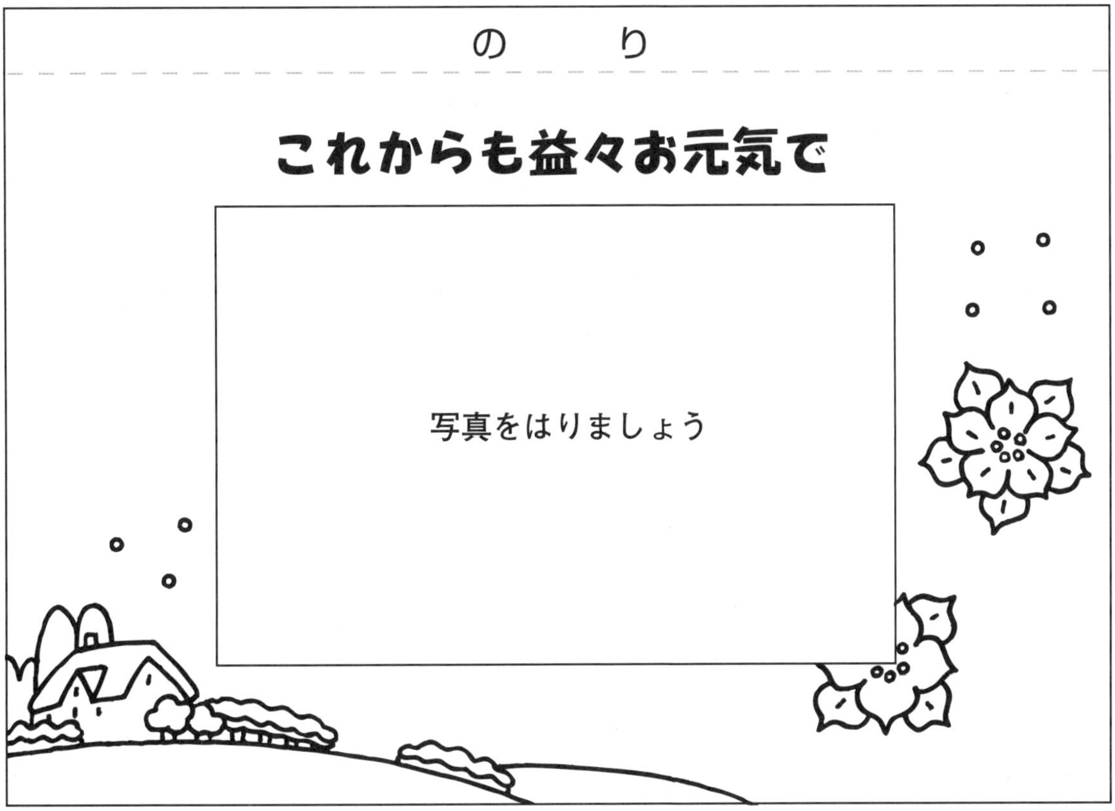
の　り
これからも益々お元気で
写真をはりましょう

年間予定表

	季節行事	施設の行事	催　物		
1 月					
2 月					
3 月					
4 月					
5 月					
6 月					
7 月					
8 月					
9 月					
10月					
11月					
12月					

＊行事の多い月は、上記のサンプルのようにしてご利用ください。（10・12月）

・餅つき大会

・食事会

・記念日

・お祭り

・音楽鑑賞会

・旅行

カレンダー

年　　月

日	月	火	水	木	金	土

献立予定表　年　月分

	( )	( )	( )	( )	( )	( )	( )
朝食							
昼食							
おやつ							
夕食							

四季の壁面・草花の作り方と型紙

ヒント 材料や道具は手に入るものでかまいません。たとえば、Ａ２サイズの台紙が手に入らない場合は、Ａ３サイズの色画用紙などを２枚はり合わせてもよいでしょう。できる範囲で工夫をしてみてください。

ヒント 型紙の部品を違う紙にしてはり合わせて、よりグレードアップすることもできます。反対により簡単に仕上げるためには、桜の花など、型紙の部品をはり合わせたときの完成図のイラストをそのままコピーして色を塗るだけでもかまいません。介護者、高齢者ともに負担のないよう応用を心がけてください。

ヒント 壁面の仕上がり全体図を拡大コピーしてぬり絵として使っていただけます。額などに入れて壁面飾りにしたり、高齢者の作品として展示したりするのもよいでしょう。

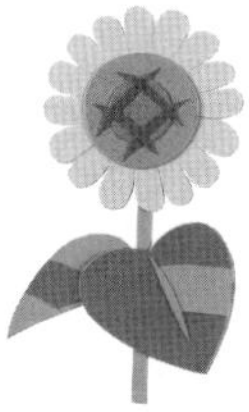
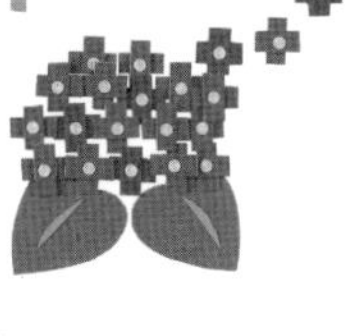

春の壁面

壁面の仕上り全体図（拡大すれば、ぬり絵にも）

◆お年寄りといっしょに作るときの注意①

高齢者は美しいもの、きれいなもの、明るいはっきりした色、目立つ色の作品などを見て、「きれいだ」と感じられたら、介護者の声かけにより積極的になられます。最初に「こんなものを作ってみましょうか…」などと声かけをして行ないますが、そのためには前もって作ろうとするものを決め、あらかじめ介護者自身が作ってみることが大切です。

材料と用具

■材料
- A2台紙（420×594mm）
- 色紙、色画用紙、白画用紙（型紙で作る部品用）
  （※ポスターカラーなどで色を塗るとオリジナルな色の紙を作ることもできます）
- ダンボール片（約3mmの厚さのもの適宜）

■用具
- 定規
- はさみ、ピンキングばさみ、カッター
- 木工用接着剤、のり

春の壁面の作り方

① P64の森の中の家を完成図のようにひと組にはり合わせます。
② A2台紙を作り、①の森の中の家、次にP65の丘をはります。
③ 桜の木を作ります。P64の桜の幹の部品から完成図のようにはり合わせ、桜の花、葉、つぼみを作ってP62の壁面の仕上り全体図を参考にはり合わせていきます。
④ ②の台紙の上に③の桜の木をダンボール片をかませながらはりつけ、さらに、P65の大小のちょうちょと雲をはりつけて仕上げます。

春の壁面の作り方

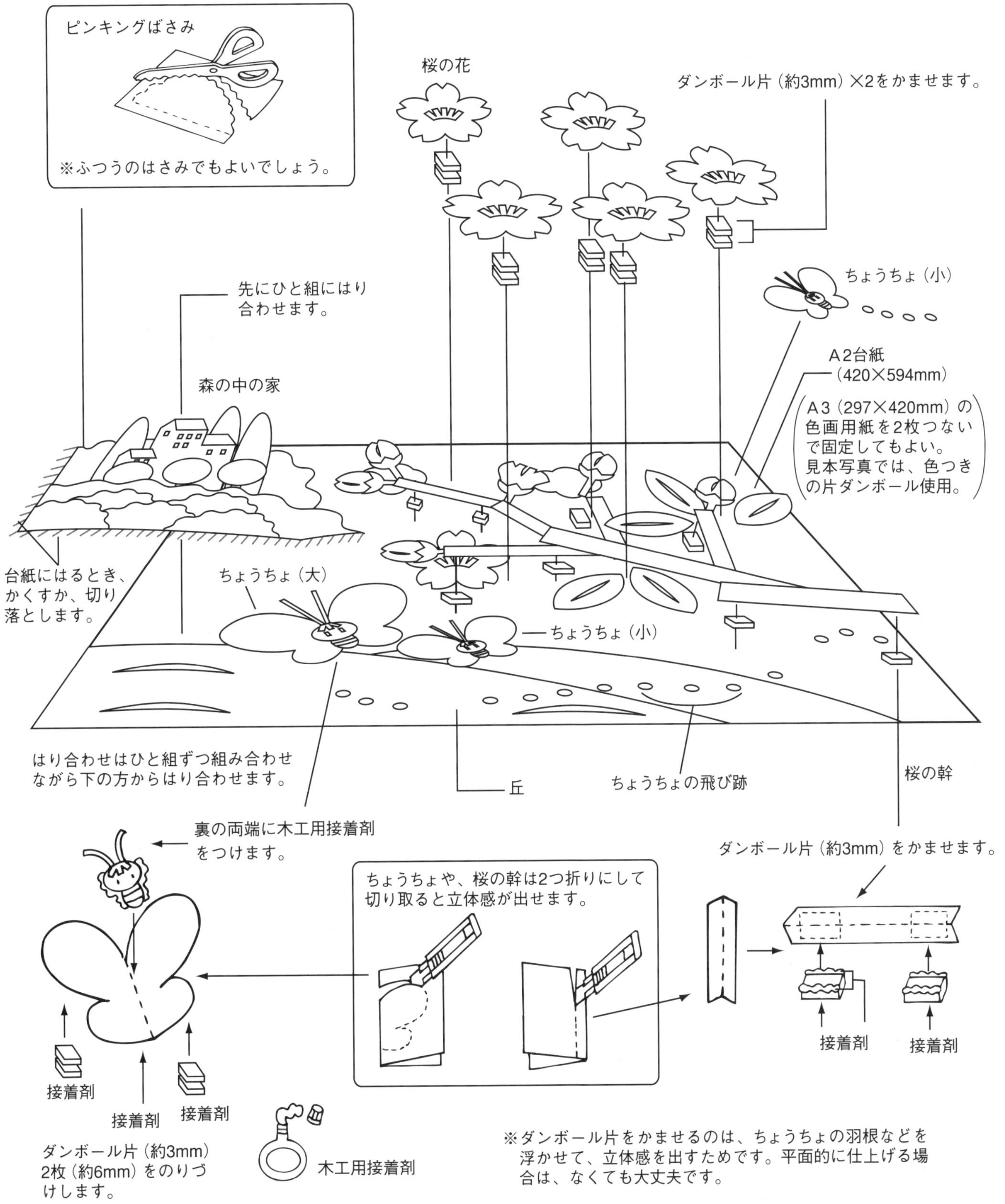

ピンキングばさみ
※ふつうのはさみでもよいでしょう。
桜の花
ダンボール片（約3mm）×2をかませます。
先にひと組にはり
合わせます。
ちょうちょ（小）
A2台紙
（420×594mm）
A3（297×420mm）の
色画用紙を2枚つない
で固定してもよい。
見本写真では、色つき
の片ダンボール使用。
森の中の家
台紙にはるとき、
かくすか、切り
落とします。
ちょうちょ（大）
ちょうちょ（小）
はり合わせはひと組ずつ組み合わせ
ながら下の方からはり合わせます。
丘
ちょうちょの飛び跡
桜の幹
裏の両端に木工用接着剤
をつけます。
ダンボール片（約3mm）をかませます。
ちょうちょや、桜の幹は2つ折りにして
切り取ると立体感が出せます。
接着剤
接着剤
接着剤
接着剤
接着剤
ダンボール片（約3mm）
2枚（約6mm）をのりづ
けします。
木工用接着剤

※ダンボール片をかませるのは、ちょうちょの羽根などを
浮かせて、立体感を出すためです。平面的に仕上げる場
合は、なくても大丈夫です。

春の壁面の型紙

注意
●各々の型紙の部品を、色画用紙などに拡大コピーし、切り取り、重ね合わせ、完成図を参考に、はり合わせます。それを台紙に、はっていきます。
●完成図をそのまま、ちょうどよい大きさに拡大し、色を塗る方法もあります。

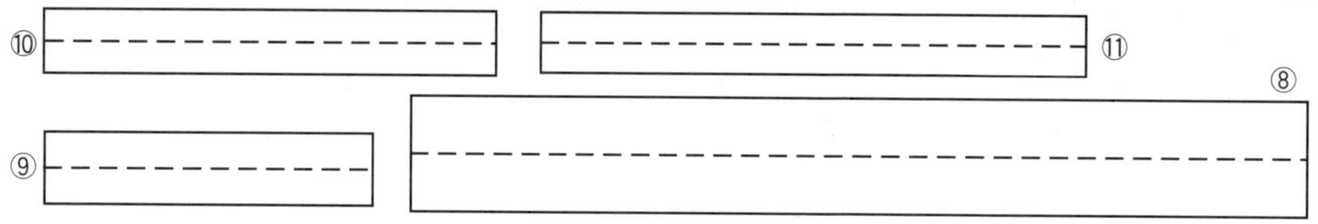
⑩
⑪
⑧
⑨

※各々の波線は、谷折りにして、見えないようにしてください。

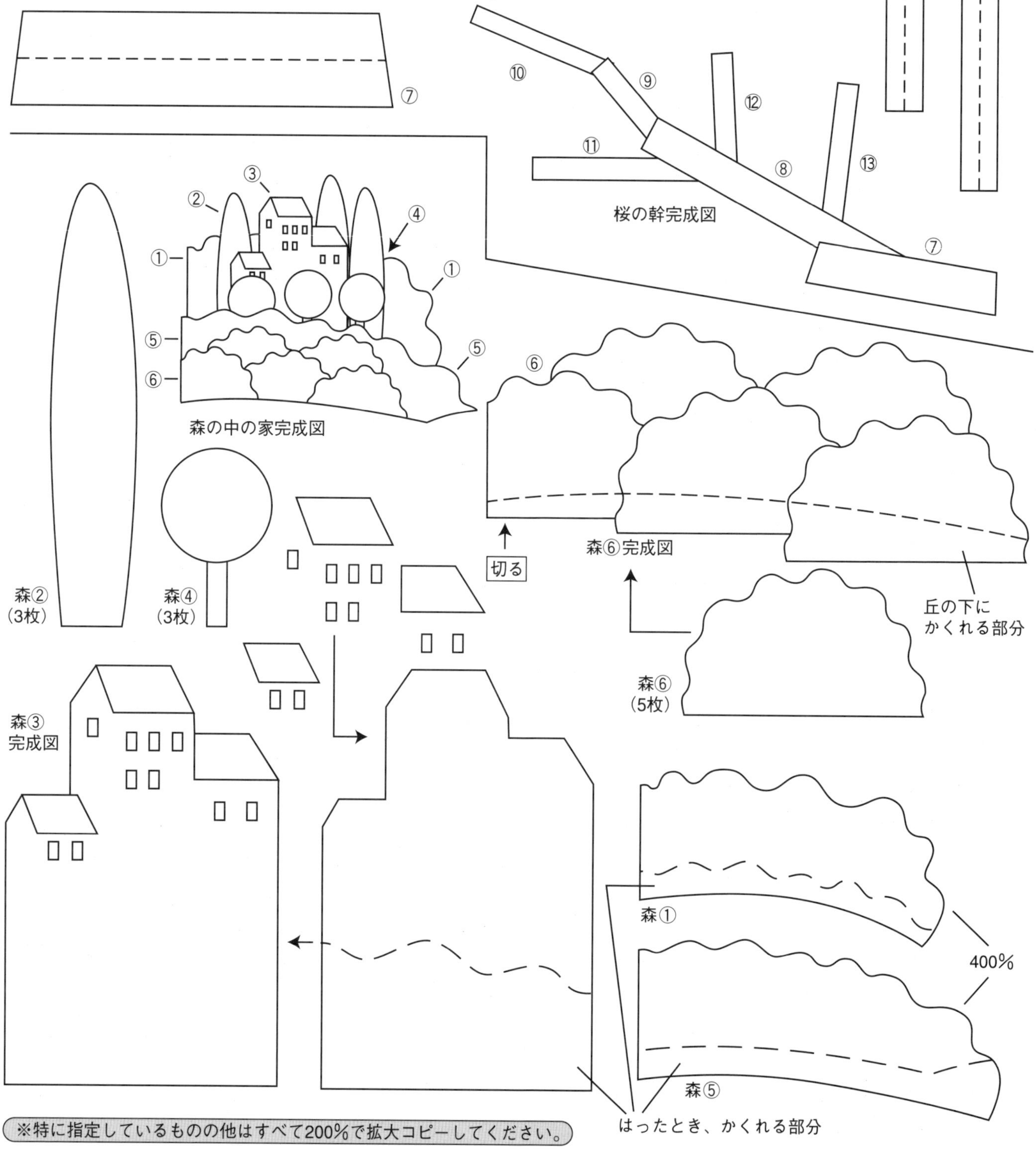
⑦
⑩
⑨
⑫
⑪
⑧
⑬
⑦
桜の幹完成図
③
②
④
①
①
⑤
⑤
⑥
森の中の家完成図
⑥
森⑥完成図
切る
丘の下に
かくれる部分
森②
(3枚)
森④
(3枚)
森⑥
(5枚)
森③
完成図
森①
400%
森⑤
はったとき、かくれる部分

※特に指定しているものの他はすべて200%で拡大コピーしてください。

春の壁面の型紙

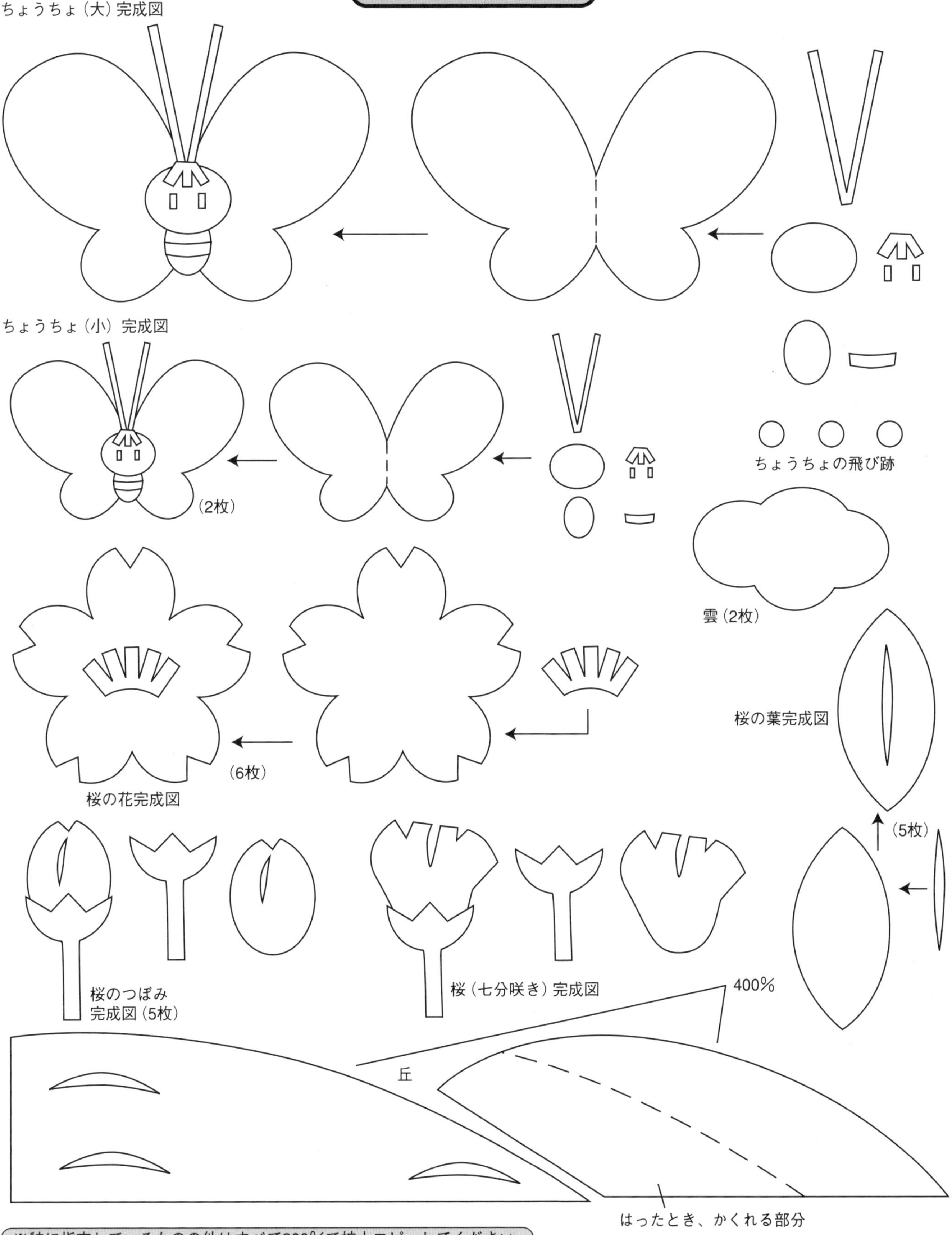
ちょうちょ（大）完成図
ちょうちょ（小）完成図
（2枚）
ちょうちょの飛び跡
雲（2枚）
桜の花完成図
（6枚）
桜の葉完成図
（5枚）
桜のつぼみ
完成図（5枚）
桜（七分咲き）完成図
400%
丘
はったとき、かくれる部分

※特に指定しているものの他はすべて200%で拡大コピーしてください。

春の草花の型紙

P64の注意参照

タンポポ完成図

ショウブ完成図

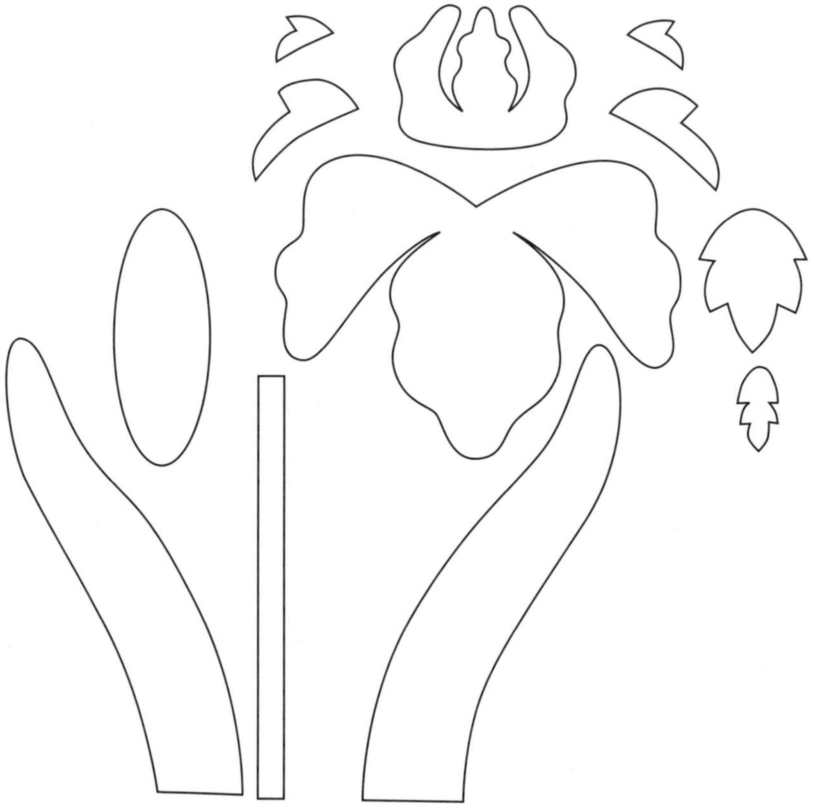

※特に指定しているものの他はすべて200%で拡大コピーしてください。

春の草花の型紙

カーネーション完成図

チューリップ完成図

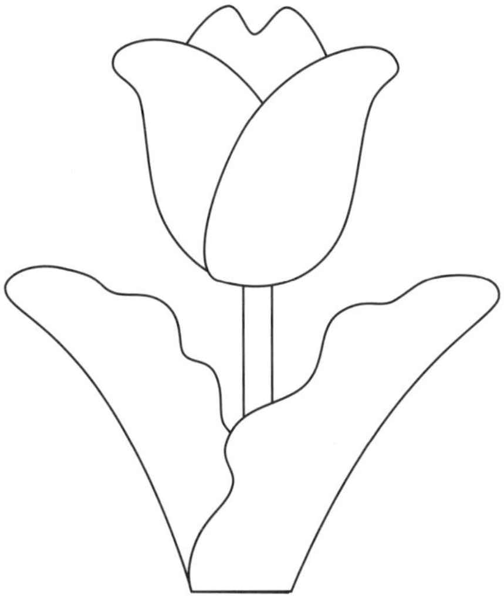

※特に指定しているものの他はすべて200%で拡大コピーしてください。

夏の壁面

壁面の仕上り全体図（拡大すれば、ぬり絵にも）

◆お年寄りといっしょに作るときの注意②

高齢者に作っていただく場合は、必ず介護者自身が作ることのできるものでなければなりません。作るものが決まったら下準備をしましょう。参加する高齢者の人数分の材料や道具を用意します。高齢者には「ちょっと待って」「あとで聞きますから」などは通じません。下準備の段階で、**a**・切ってもらうところ、**b**・はってもらうところ、**C**・色を塗ってもらうところの３つに分けて周到に準備し、飽きを感じてこられたと判断したときには違うことをしていただくようにしましょう。

材料と用具

■材料

・A2台紙（420×594mm）

・色紙、色画用紙、白画用紙（型紙で作る部品用）
（※ポスターカラーなどで色を塗るとオリジナルな色の紙を作ることもできます）

・ダンボール片（約3mmの厚さのもの適宜）

■用具

・定規

・はさみ、ピンキングばさみ、カッター

・木工用接着剤、のり

夏の壁面の作り方

① A2台紙を作り、P70の山、バックをはります。

② P70・P71の部品から、花火の完成図と、P69の花火の模様のはり方を参考に花火を作り、①の台紙にはります。

③ P74のアサガオの支柱にアサガオのツルをはり、②の台紙に木工用接着剤などで固定します。

④ P72とP73のアサガオの花（大・中・小）を作り、P74のアサガオのつぼみと葉などといっしょに、③の台紙にP68の壁面の仕上り全体図のようにはって仕上げます。

夏の壁面の作り方

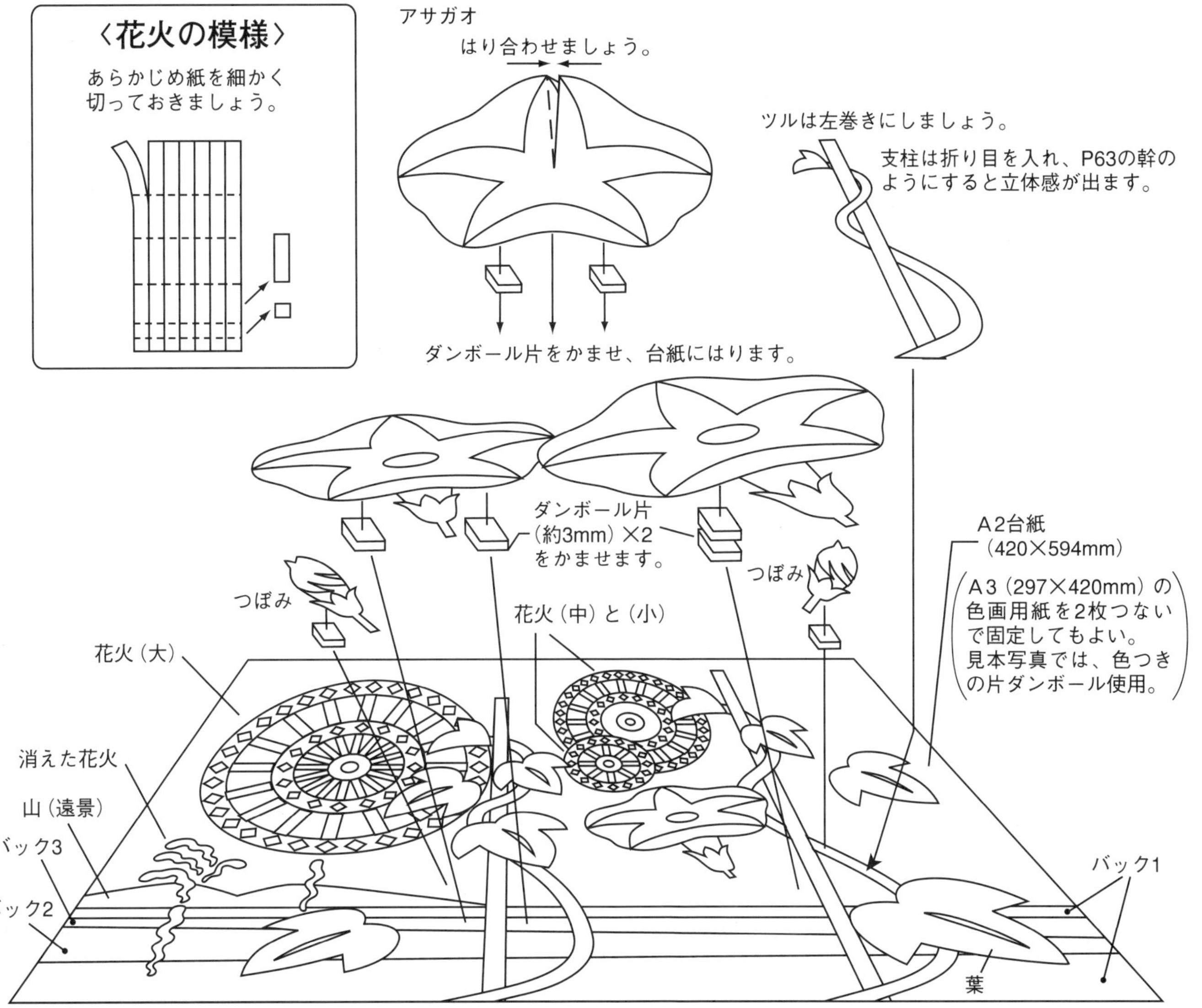
〈花火の模様〉
あらかじめ紙を細かく
切っておきましょう。
アサガオ
はり合わせましょう。
ダンボール片をかませ、台紙にはります。
ツルは左巻きにしましょう。
支柱は折り目を入れ、P63の幹の
ようにすると立体感が出ます。
ダンボール片
(約3mm)×2
をかませます。
つぼみ
つぼみ
A2台紙
(420×594mm)
A3(297×420mm)の
色画用紙を2枚つない
で固定してもよい。
見本写真では、色つき
の片ダンボール使用。
花火(中)と(小)
花火(大)
消えた花火
山(遠景)
バック3
バック2
バック1
葉

〈花火の模様のはり方〉

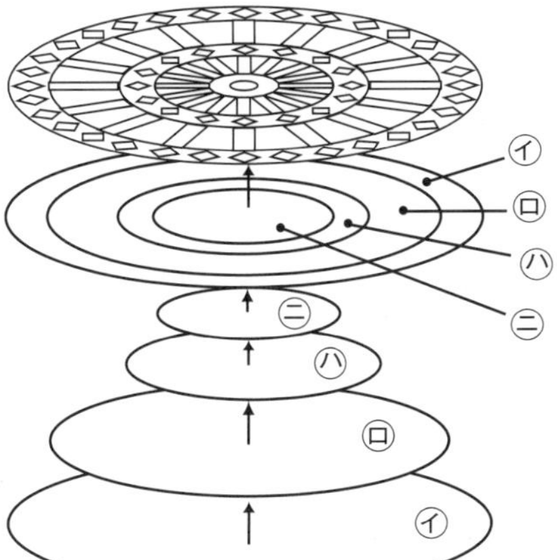
イ
ロ
ハ
ニ
ニ
ハ
ロ
イ

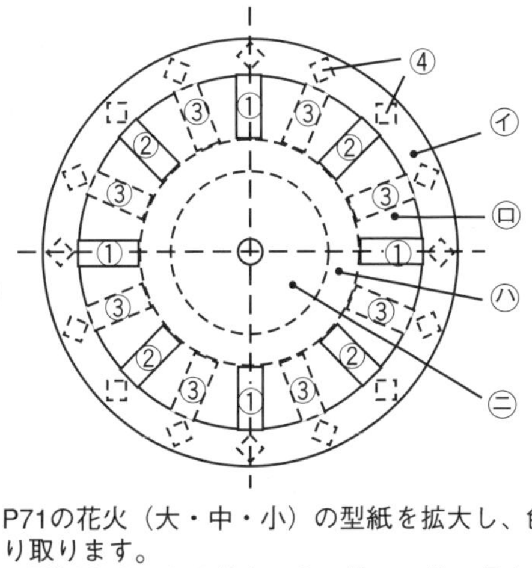
④
イ
ロ
ハ
ニ
①
②
③

①ひとつずつ対角線にそってはっていくと、きれいにはれます。
②③は図のように放射線状にはっていきます。少しぐらいずれても手作り風な感じに仕上がりますので、気にしないでどんどんはっていきましょう。
最後に小さな正方形の部品④をはっていきましょう。

P71の花火(大・中・小)の型紙を拡大し、色の異なった色画用紙を必要な枚数分切り取ります。
※型紙をそのまま拡大した1枚に、絵の具などで色分けをして作ってもよいでしょう。

夏の壁面の型紙

注意
- 各々の型紙の部品を、色画用紙などに拡大コピーし、切り取り、重ね合わせ、完成図を参考に、はり合わせます。それを台紙に、はっていきます。
- 完成図をそのまま、ちょうどよい大きさに拡大し、色を塗る方法もあります。

花火（大）③完成図

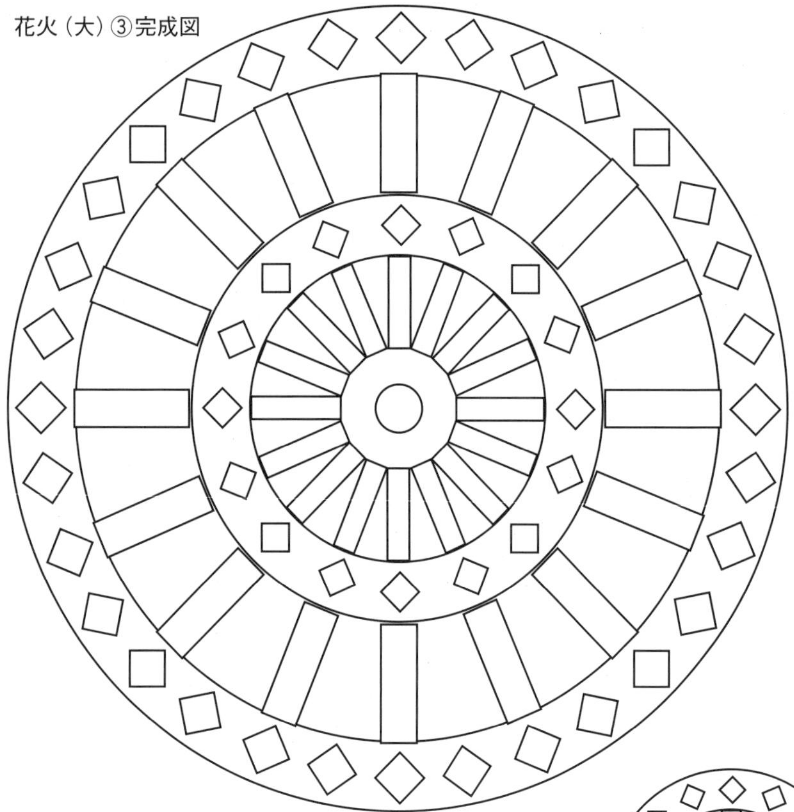

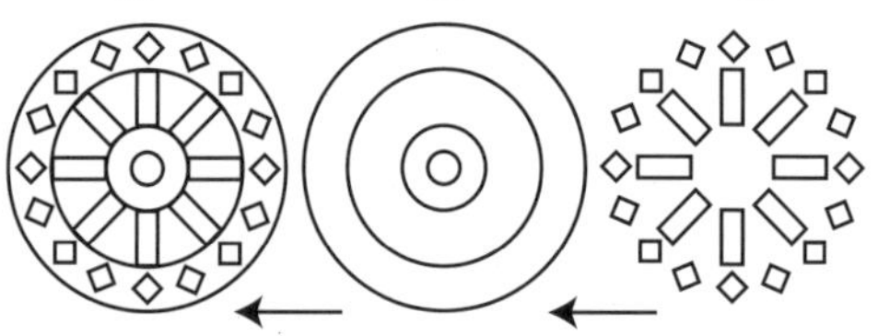

①の模様をP69の（花火の模様のはり方）を参考に②にはりつけ③を作ります。
※②は色の異なった色画用紙を３枚（大・中は４枚）重ねたものです。

花火（中）③完成図

花火（小）③完成図

消えた花火

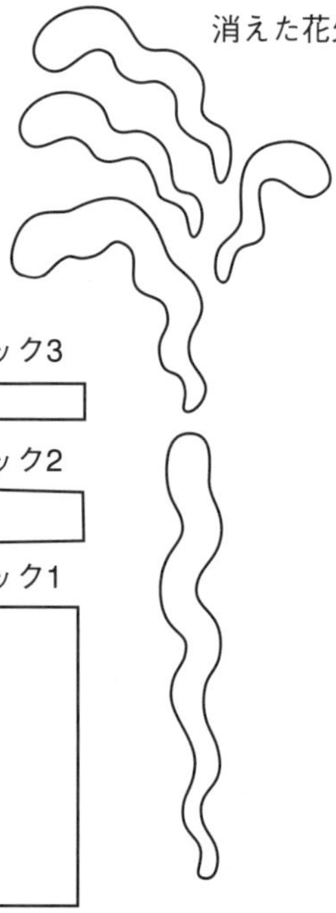

400%　山（遠景）

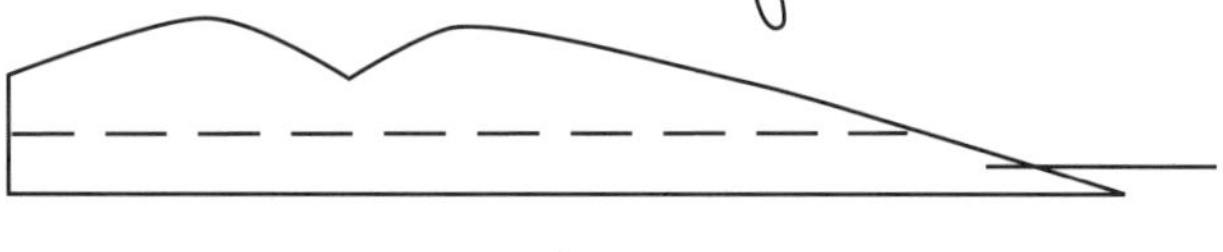

丘の下にかくれる部分

バック3

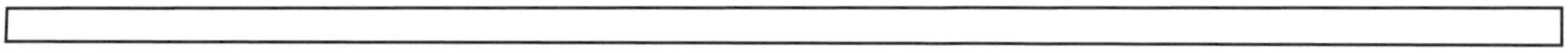

バック2

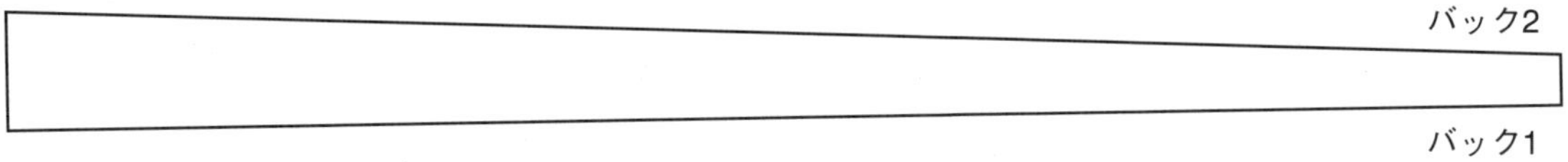

バック1

※特に指定しているものの他はすべて200%で拡大コピーしてください。

夏の壁面の型紙

花火（大）②

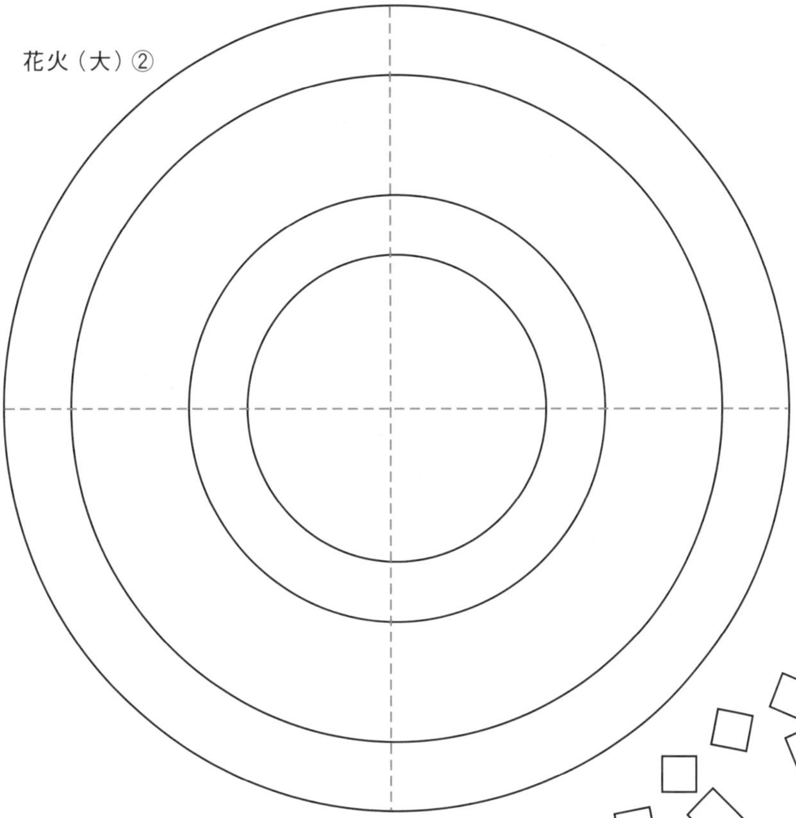

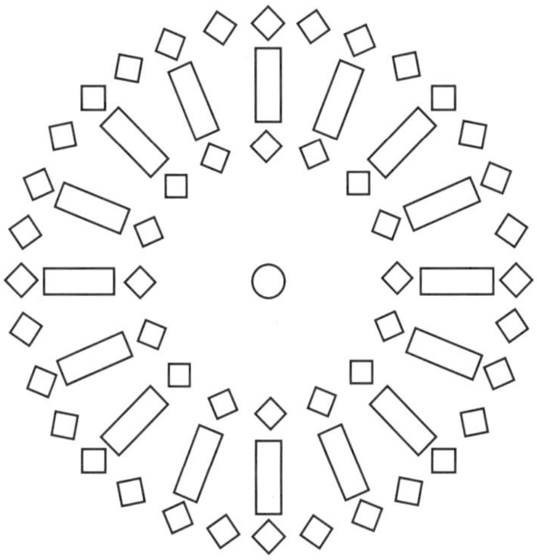

花火（中）①

花火（大）①

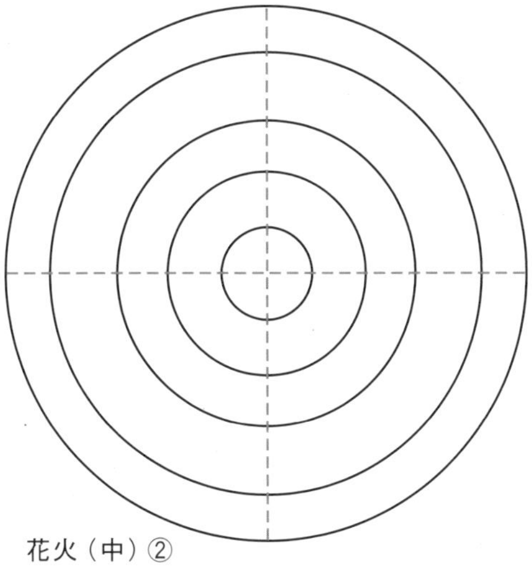

花火（中）②

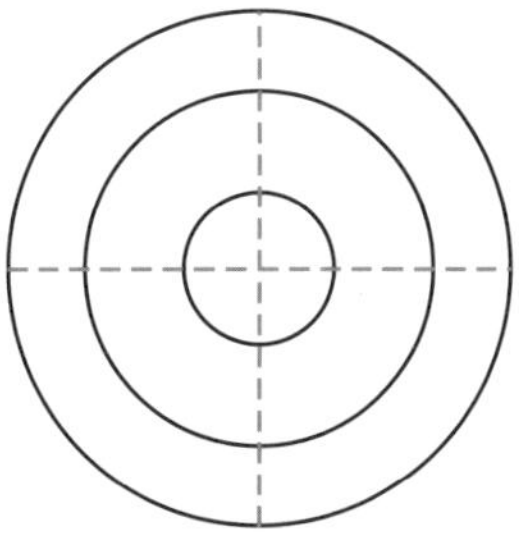

花火（小）②

花火（小）①

※特に指定しているものの他はすべて200％で拡大コピーしてください。

夏の壁面の型紙

P70の注意参照

アサガオ（大）完成図

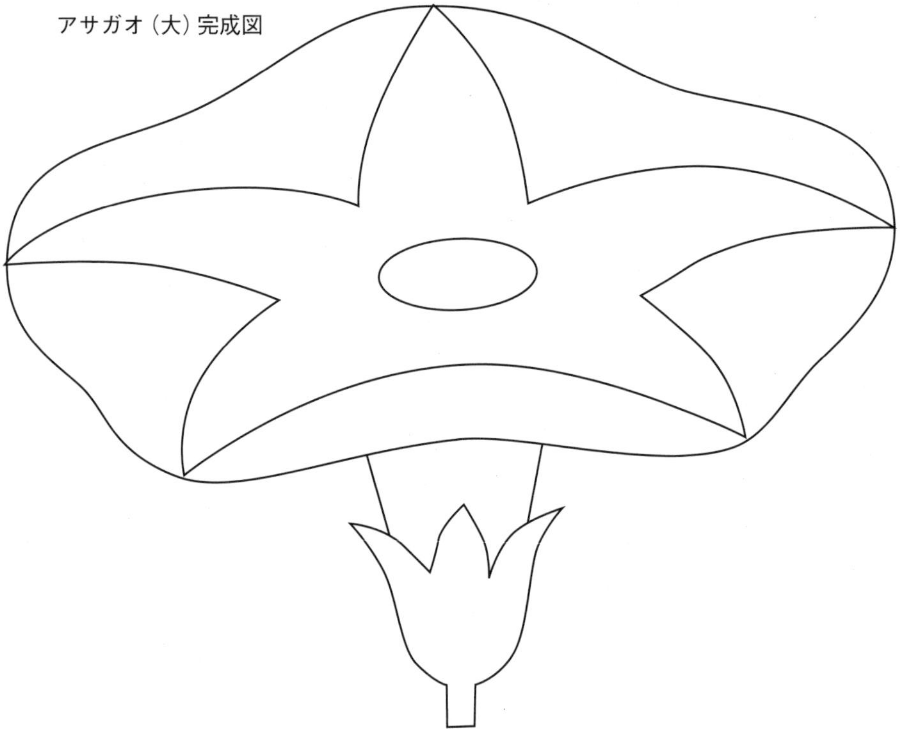

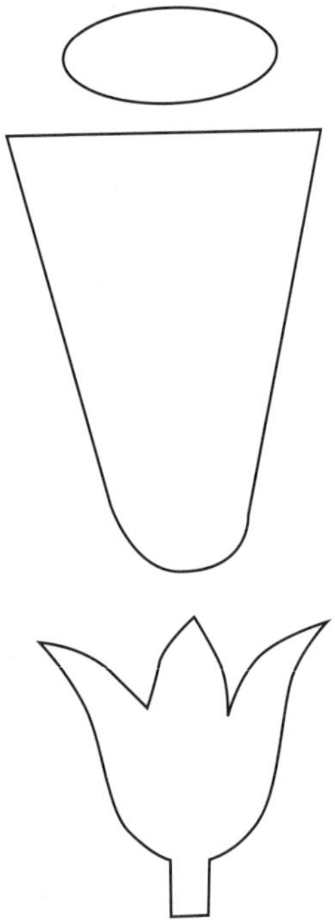

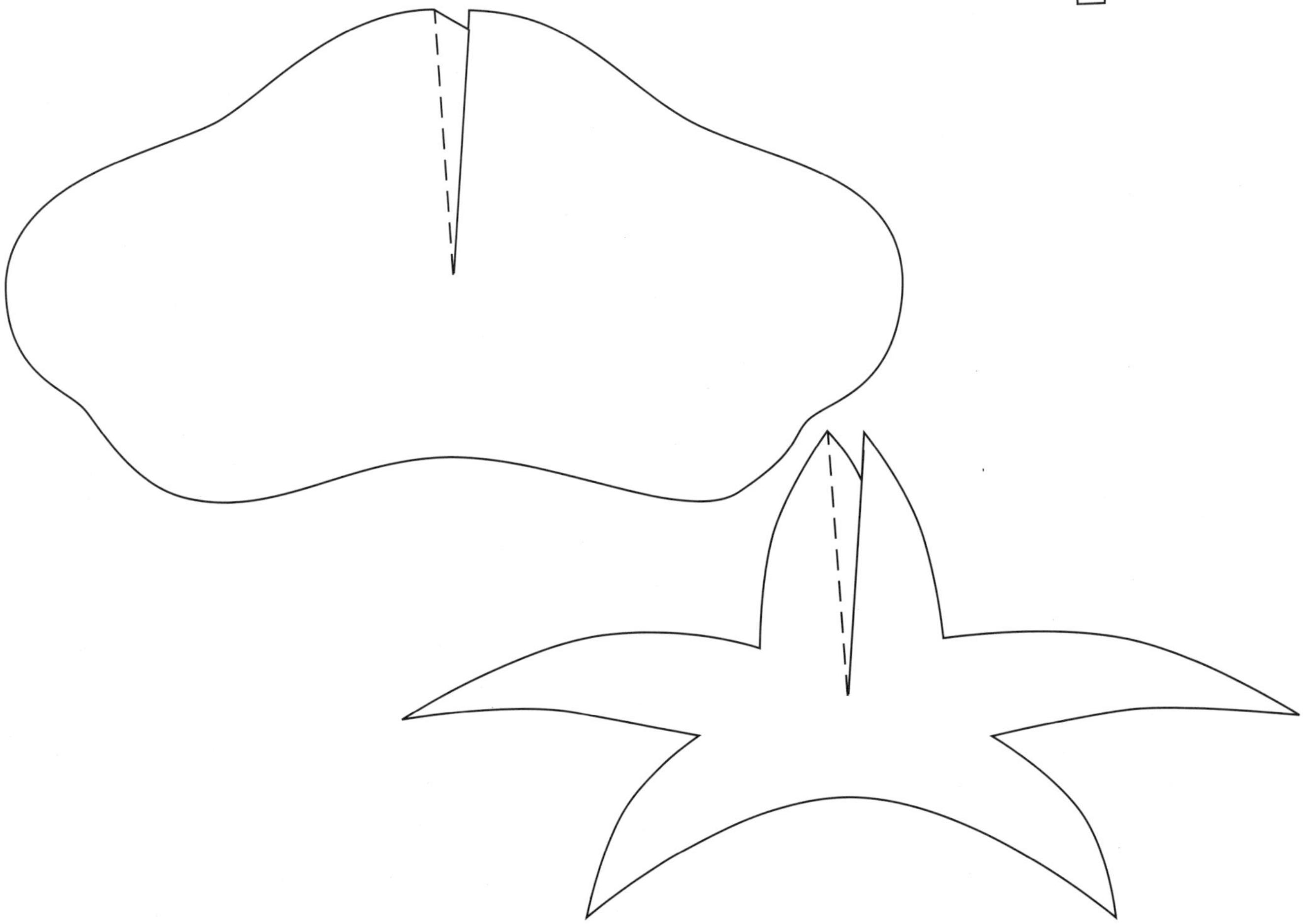

※特に指定しているものの他はすべて200％で拡大コピーしてください。

夏の壁面の型紙

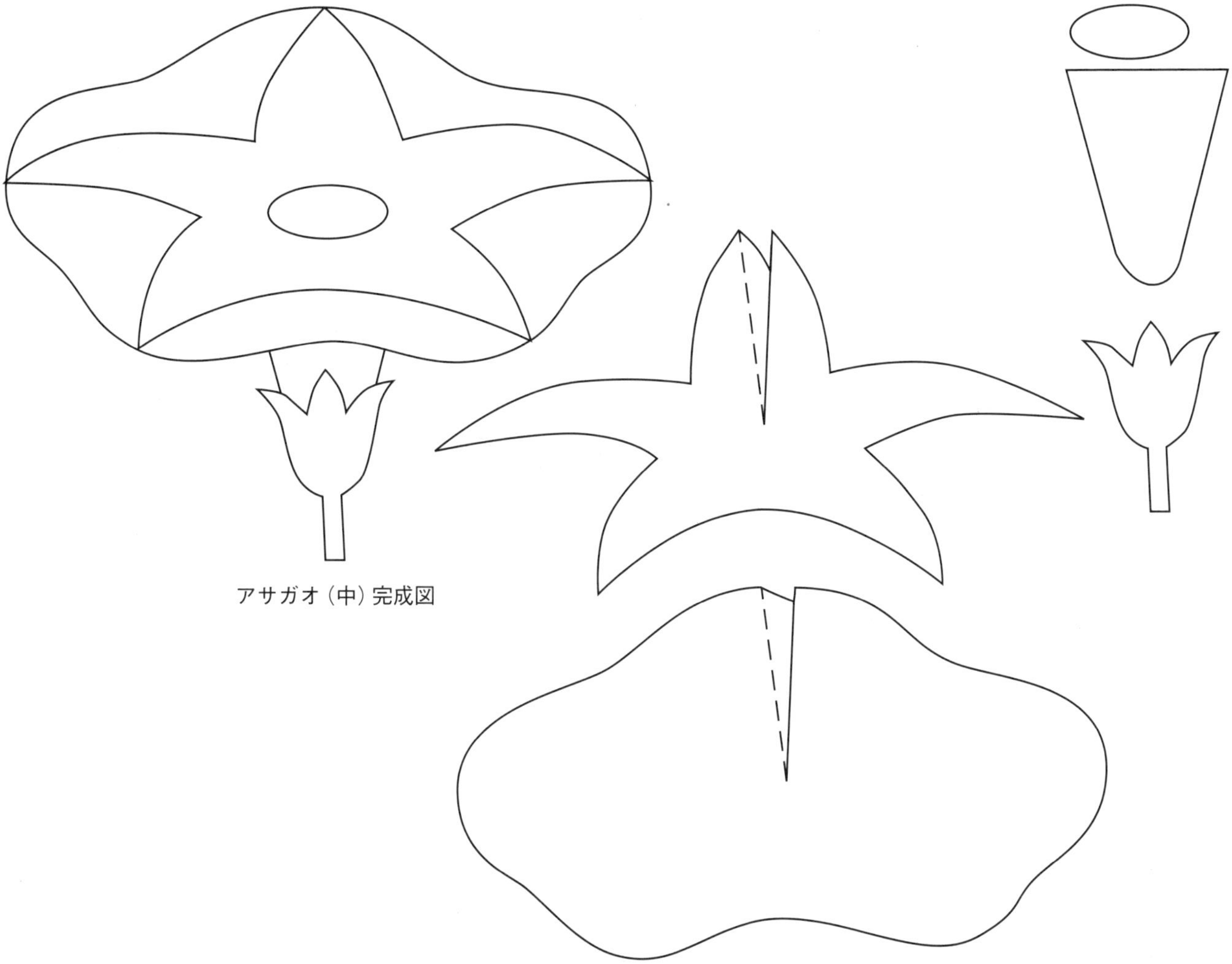

アサガオ（中）完成図

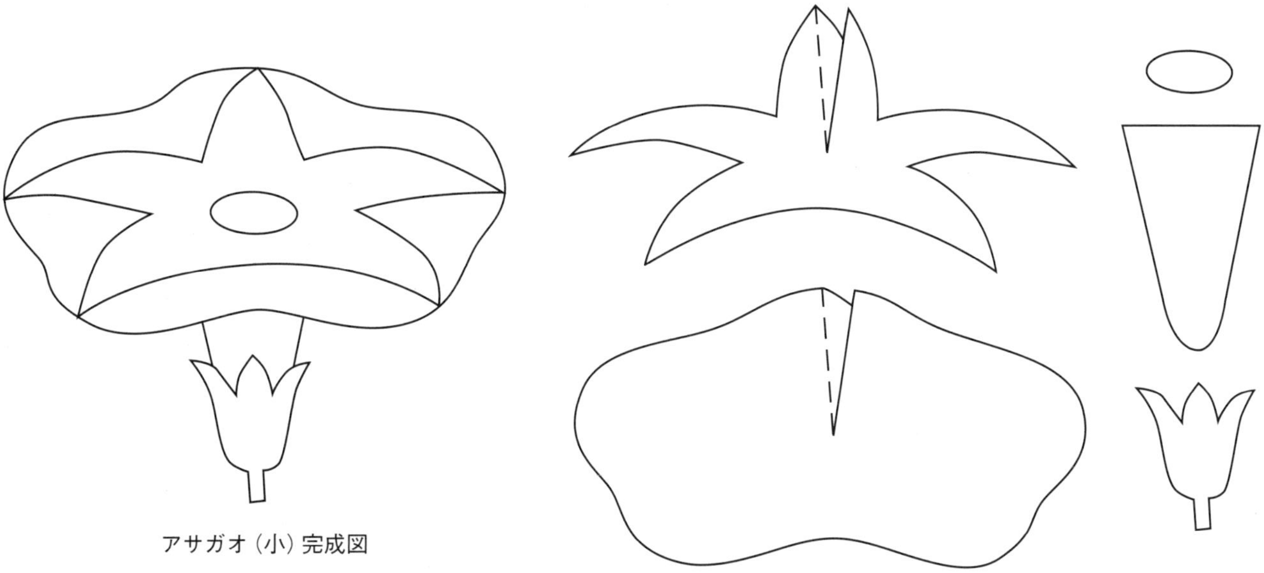

アサガオ（小）完成図

※特に指定しているものの他はすべて200%で拡大コピーしてください。

夏の壁面の型紙

P70の注意参照

アサガオの支柱（P63桜の幹参照）

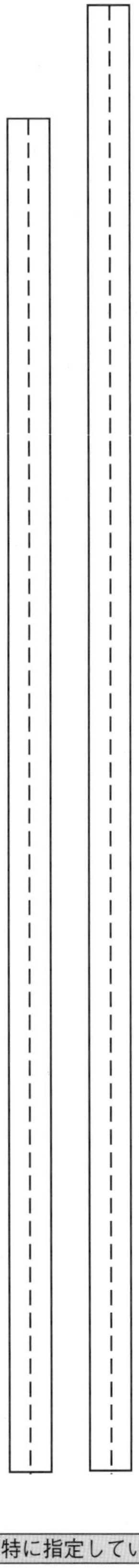

アサガオのツル

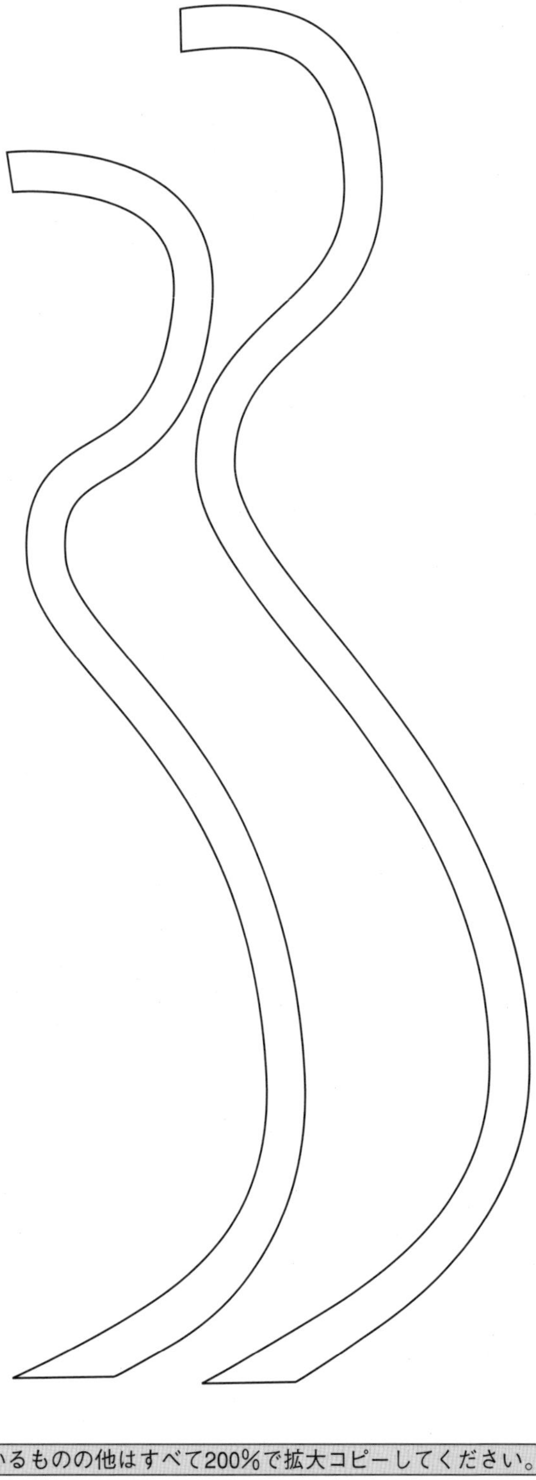

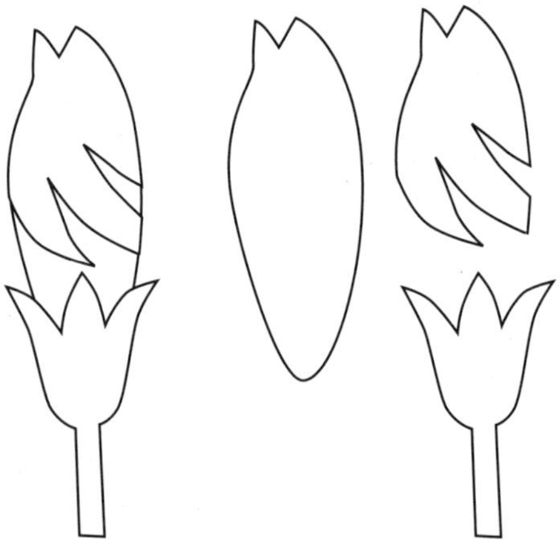

アサガオのつぼみ完成図

アサガオの葉

※特に指定しているものの他はすべて200％で拡大コピーしてください。

夏の草花の型紙

P70の注意参照

アサガオ完成図

アジサイ完成図

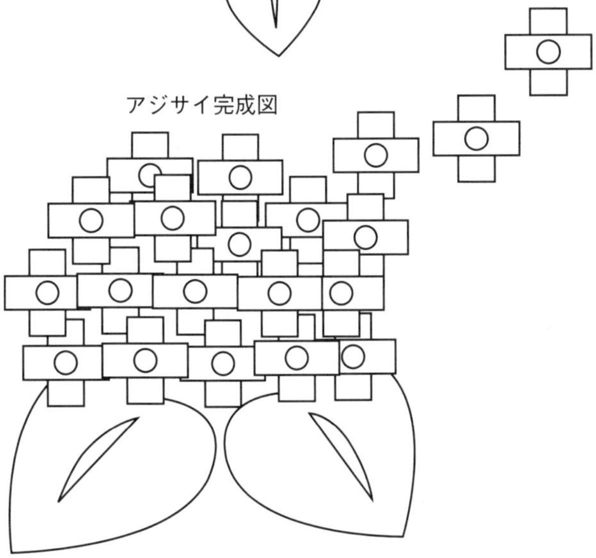

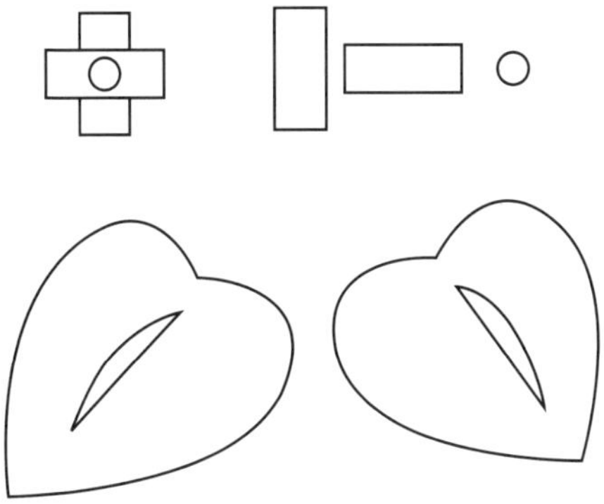

ヒマワリ完成図

※特に指定しているものの他はすべて200%で拡大コピーしてください。

秋の壁面

壁面の仕上り全体図（拡大すれば、ぬり絵にも）

◆お年寄りといっしょに作るときの注意③

介護者が作ってあげるのではなく、高齢者にしていただく、楽しんでもらうという気持ちが大切です。ただし、まかせてしまうのではなく、介護者側のリードで進めましょう。介護者の気くばりや声かけで、その場の雰囲気が違ってきます。目先を変えながら「○○さん、器用ですね」「上手ですね」とほめながら作っていきます。「～しましょうか」「～してもらえますか」「～色がいいと思いますよ」と、年配者に対する尊敬の念をもって接するようにしましよう。

材料と用具

■材料

・A2台紙（420×594mm）
・色紙、色画用紙、白画用紙（型紙で作る部品用）
（※ポスターカラーなどで色を塗るとオリジナルな色の紙を作ることもできます）
・ダンボール片（約3mmの厚さのもの適宜）

■用具

・定規
・はさみ、ピンキングばさみ、カッター
・木工用接着剤、のり

秋の壁面の作り方

① A2台紙を作り、P78のバック（下）とうす雲バックを切ってはりつけます。次にP79の部品からバックの山々をP77の作り方を参考にはり合わせ、台紙にはりつけます。
② P78、P79の木を完成イメージを参考に作り、ダンボール片をかませながら、①の台紙に木工用接着剤などで固定します。
③ P80の葉、トンボ、雲などを作り、②の台紙にはって仕上げます。

秋の壁面の作り方

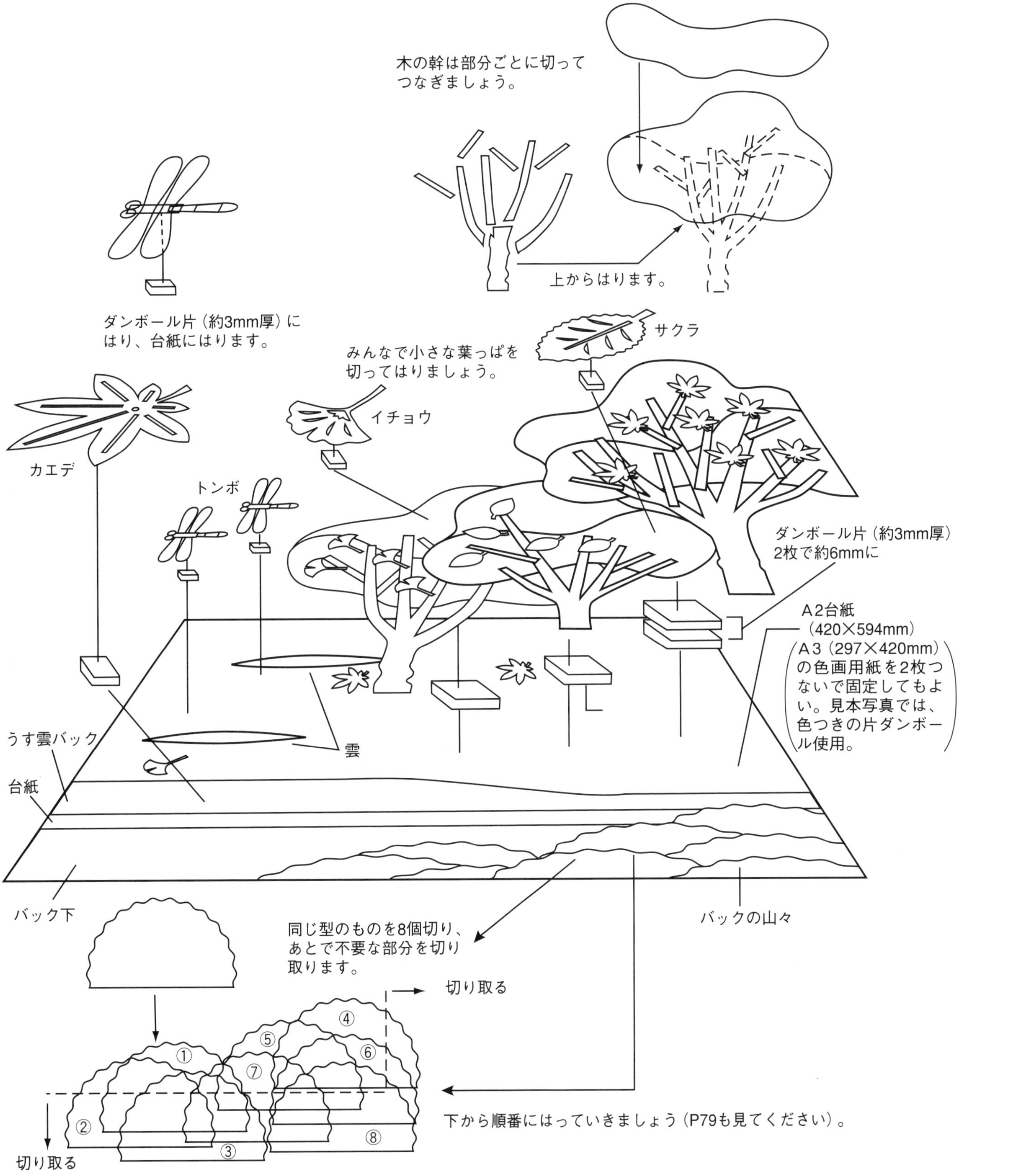
木の幹は部分ごとに切って
つなぎましょう。
上からはります。
ダンボール片（約3mm厚）に
はり、台紙にはります。
サクラ
みんなで小さな葉っぱを
切ってはりましょう。
イチョウ
カエデ
トンボ
ダンボール片（約3mm厚）
2枚で約6mmに
A2台紙
（420×594mm）
（A3（297×420mm）
の色画用紙を2枚つ
ないで固定してもよ
い。見本写真では、
色つきの片ダンボー
ル使用。）
うす雲バック
雲
台紙
バック下
バックの山々
同じ型のものを8個切り、
あとで不要な部分を切り
取ります。
切り取る
①
②
③
④
⑤
⑥
⑦
⑧
下から順番にはっていきましょう（P79も見てください）。
切り取る

秋の壁面の型紙

注意
●各々の型紙の部品を、色画用紙などに拡大コピーし、切り取り、重ね合わせ、完成図を参考に、はり合わせます。それを台紙に、はっていきます。
●完成図をそのまま、ちょうどよい大きさに拡大し、色を塗る方法もあります。

木（左）完成図

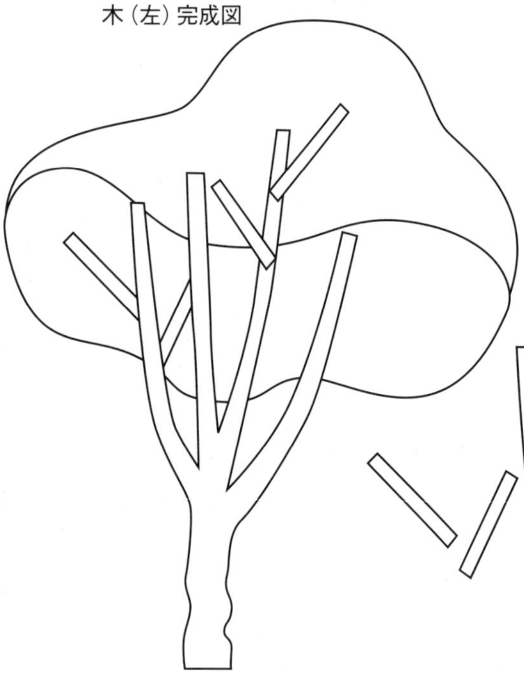

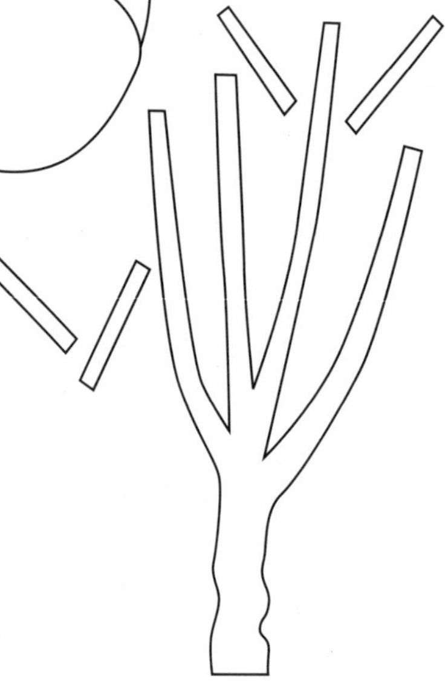

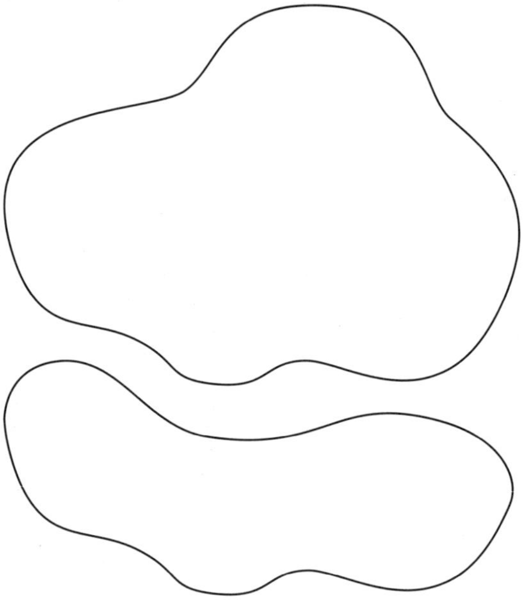

木（中）完成図

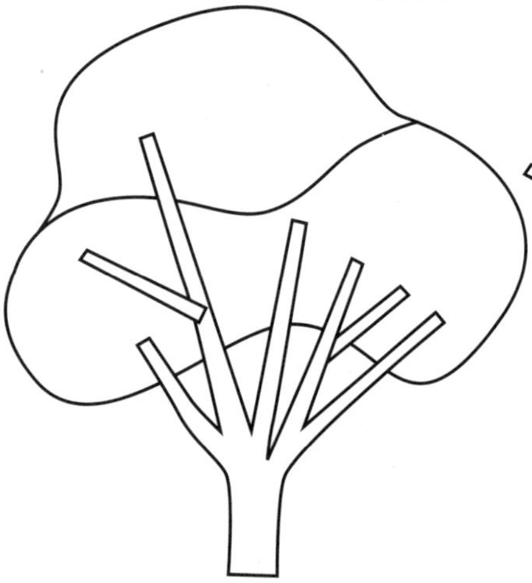

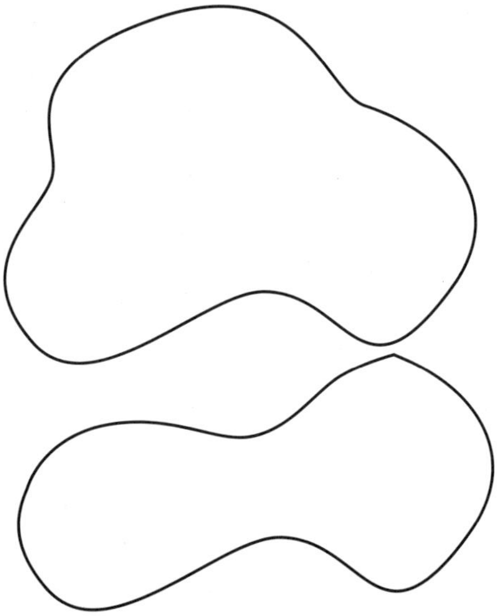

うす雲バック

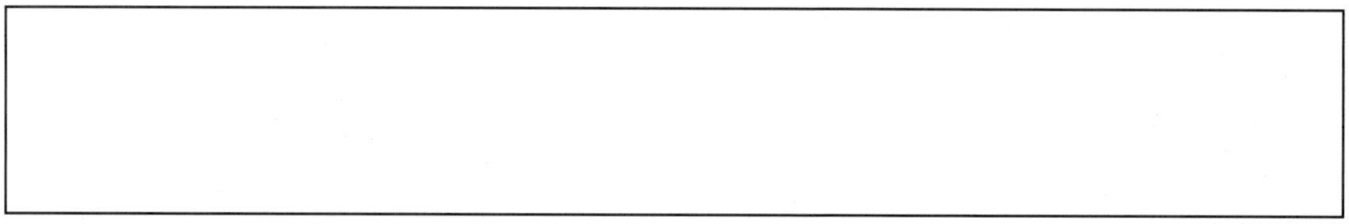

バック（下）

※すべて400％で拡大コピーしてください。

秋の壁面の型紙

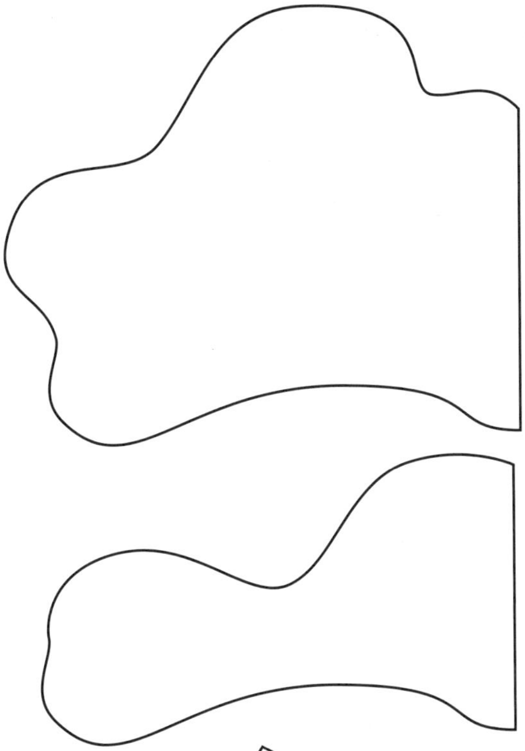

木（右）完成図

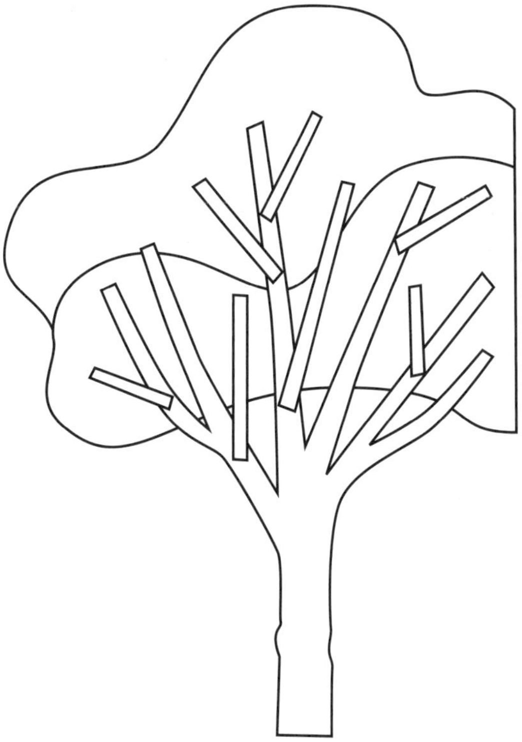

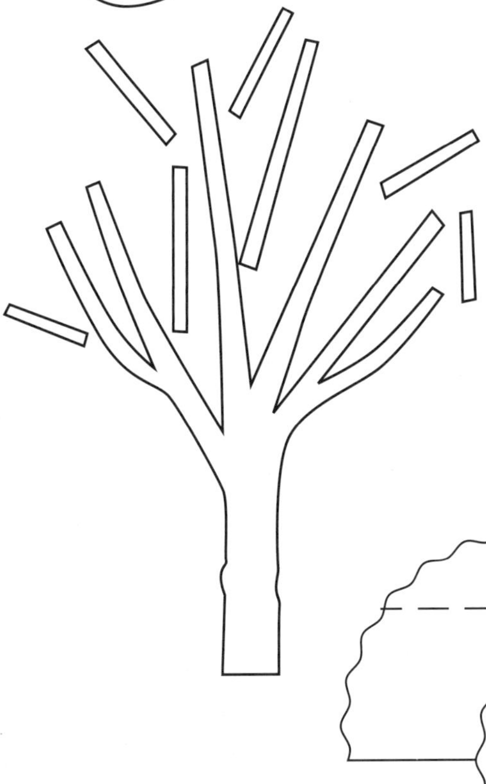

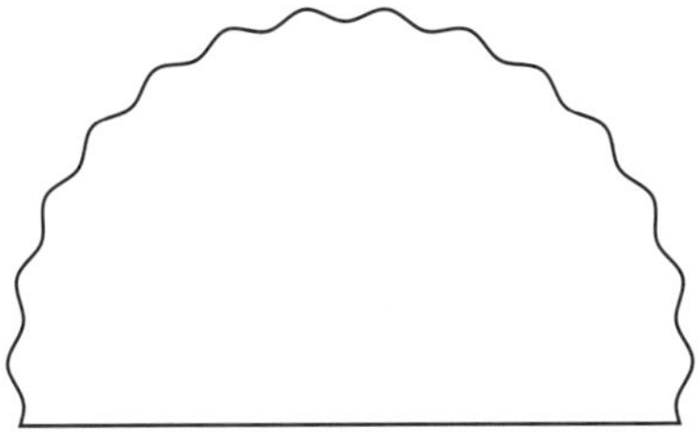

バックの山々
（8枚）

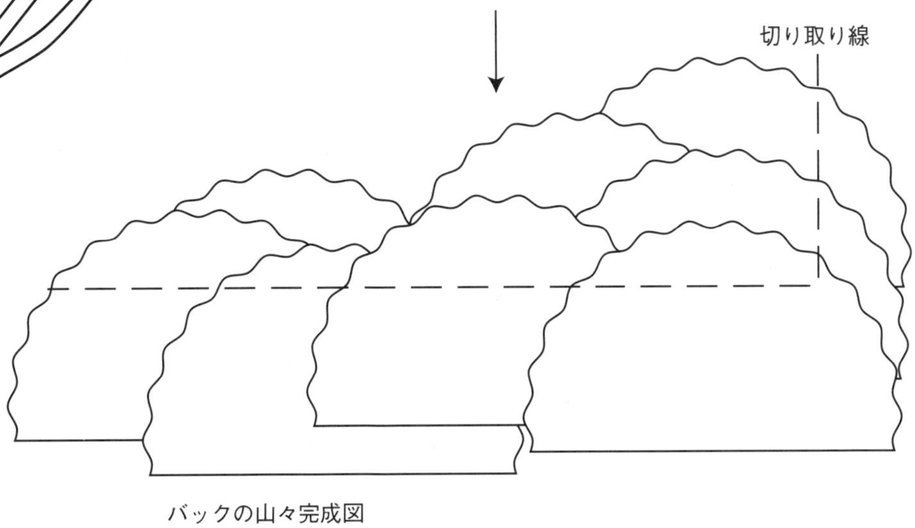

バックの山々完成図
（※部品を違う紙にして、はり合わせてもよい）

※すべて400%で拡大コピーしてください。

秋の壁面の型紙

P78の注意参照

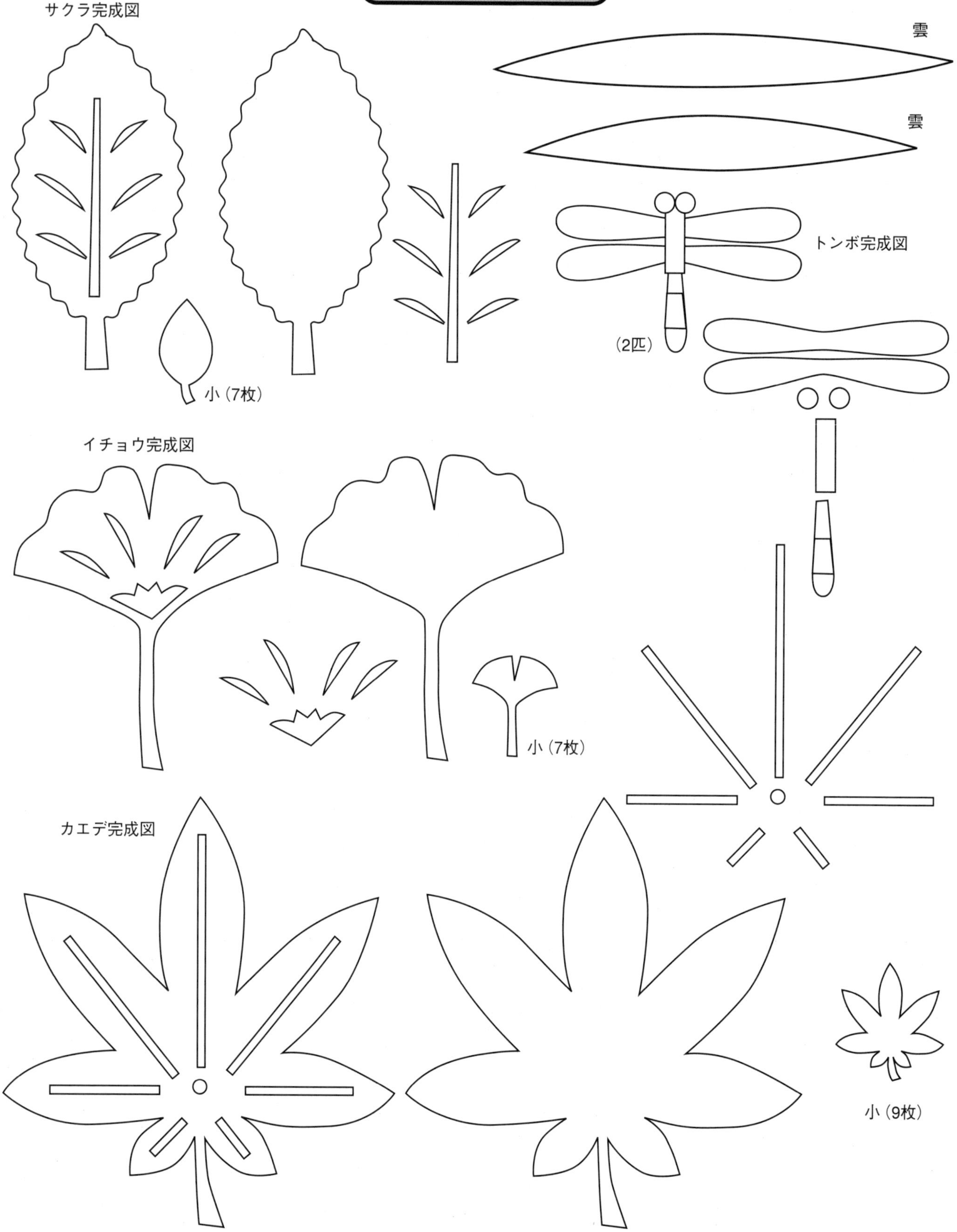
サクラ完成図
小（7枚）
雲
雲
トンボ完成図
（2匹）
イチョウ完成図
小（7枚）
カエデ完成図
小（9枚）

※すべて200%で拡大コピーしてください。

秋の草花の型紙

P78の注意参照

コスモス完成図

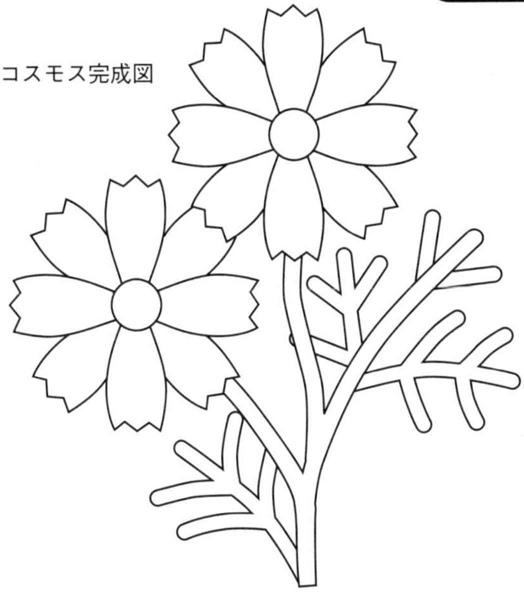

キキョウ完成図

キク完成図

※すべて122％で拡大コピーしてください。

冬の壁面

壁面の仕上り全体図（拡大すれば、ぬり絵にも）

◆お年寄りといっしょに作るときの注意④

高齢者の中にもいろんな方がおられます。何度か接するうちに、その方の得手不得手もわかってくるでしょう。介護者には、そのあたりを読み取りながらの的確な声かけをしていく力が求められます。手作りが好きな方、作り方がわかる方にはそれなりに対応するなど、その方、その場にふさわしい声かけで臨機応変に対応しましょう。

材料と用具

■材料
- A2台紙（420×594mm）
- 色紙、色画用紙、白画用紙（型紙で作る部品用）
  （※ポスターカラーなどで色を塗るとオリジナルな色の紙を作ることもできます）
- ダンボール片（約3mmの厚さのもの適宜）

■用具
- 定規
- はさみ、ピンキングばさみ、カッター
- 木工用接着剤、のり

冬の壁面の作り方

① P82、83を参考にP85の家、バックの木々、P84のバックの森を組み合わせておきます。
② A2台紙を作り、①のバックの風景をはりつけ、P85のモミの木、そして、P86の地面（右）、地面（左）とはり合わせていきます。
③ P84の雪ダルマとP85のポインセチアを作り、②の台紙にダンボール片をかませながらはっていき、雪（切りにくいようであれば四角でもよいでしょう）をちらつかせて仕上げます。

冬の壁面の作り方

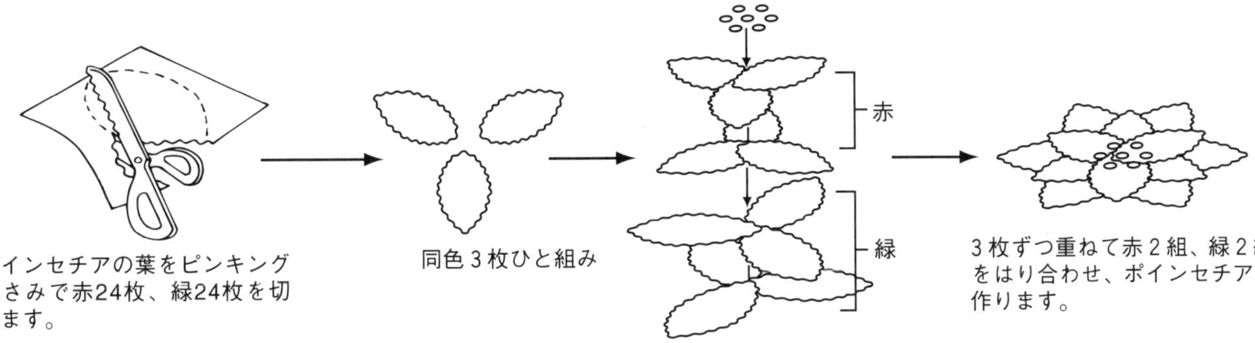

赤
緑

ポインセチアの葉をピンキングばさみで赤24枚、緑24枚を切ります。

同色３枚ひと組み

３枚ずつ重ねて赤２組、緑２組をはり合わせ、ポインセチアを作ります。

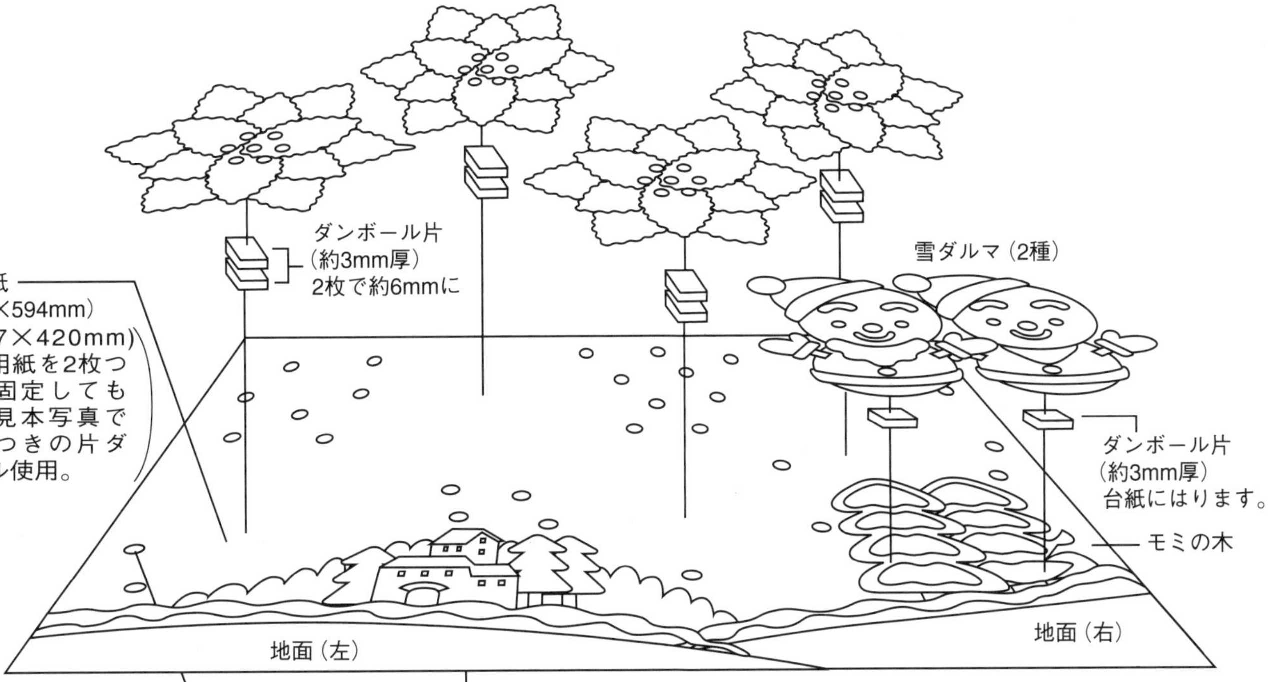

ダンボール片
（約3mm厚）
2枚で約6mmに
雪ダルマ（2種）
A2台紙
（420×594mm）
Ａ３(297×420mm)の色画用紙を2枚つないで固定してもよい。見本写真では、色つきの片ダンボール使用。
ダンボール片
（約3mm厚）
台紙にはります。
モミの木
地面（左）
地面（右）

雪の形は□でも、○でも、好きな型に小さく切っておきましょう。

家などは、あらかじめひとつずつ組み合わせておきましょう。

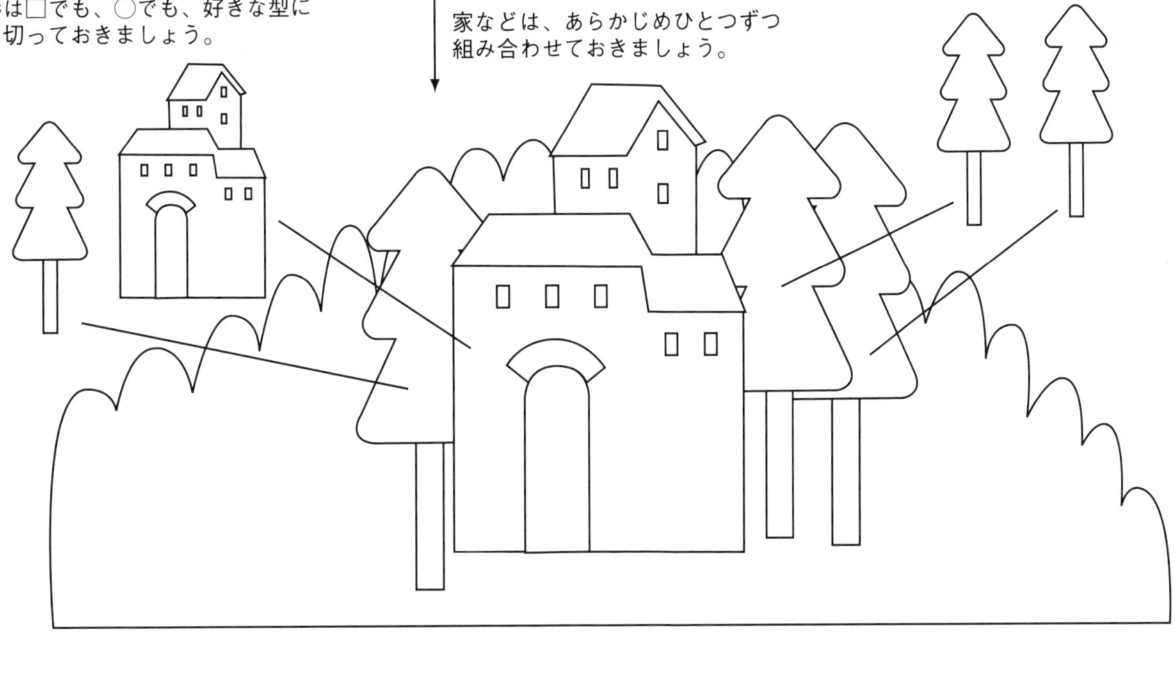

冬の壁面の型紙

注意
- ●各々の型紙の部品を、色画用紙などに拡大コピーし、切り取り、重ね合わせ、完成図を参考に、はり合わせます。それを台紙に、はっていきます。
- ●完成図をそのまま、ちょうどよい大きさに拡大し、色を塗る方法もあります。

雪ダルマ完成図

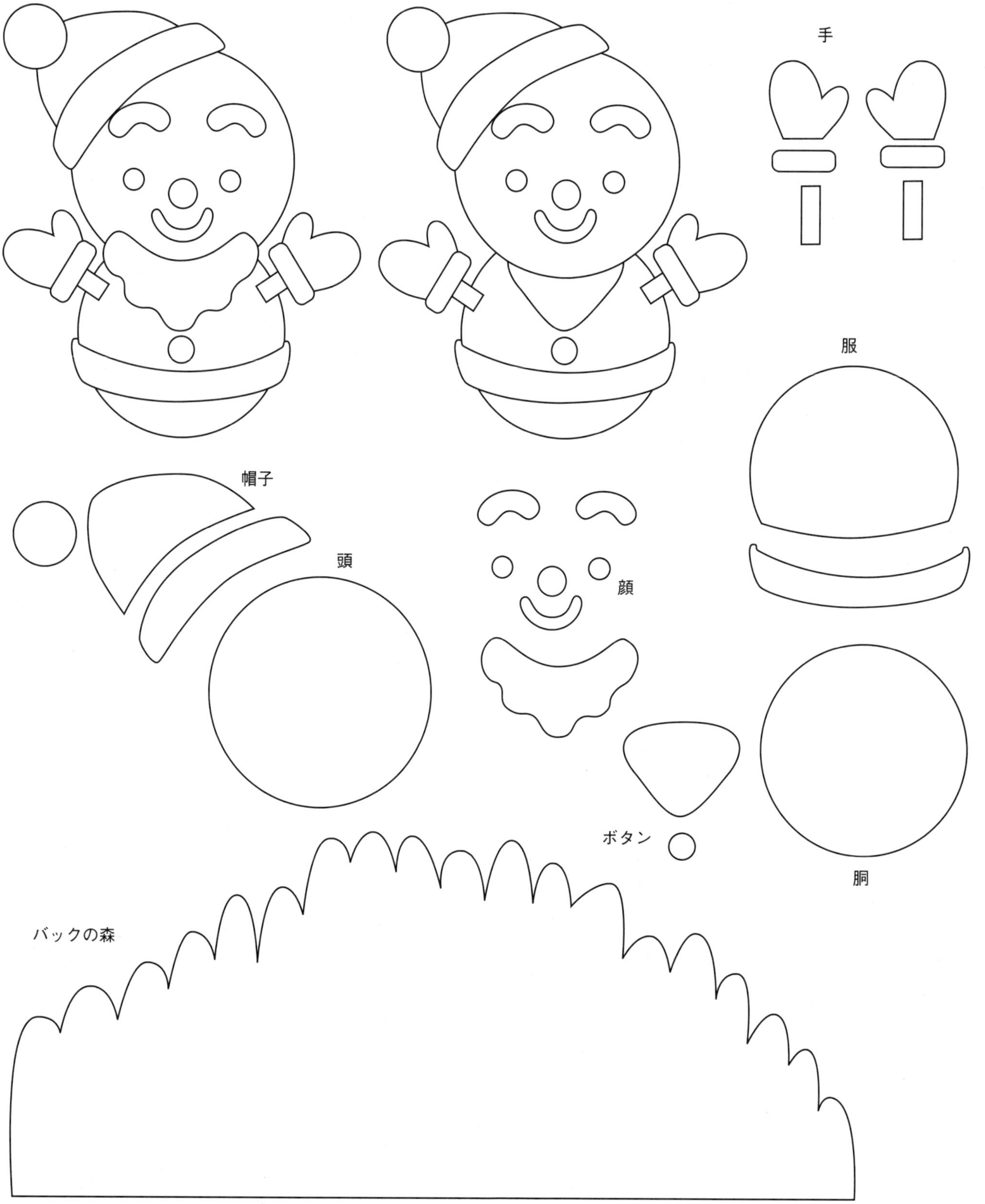

※すべて400%で拡大コピーしてください。

冬の壁面の型紙

ポインセチア完成図

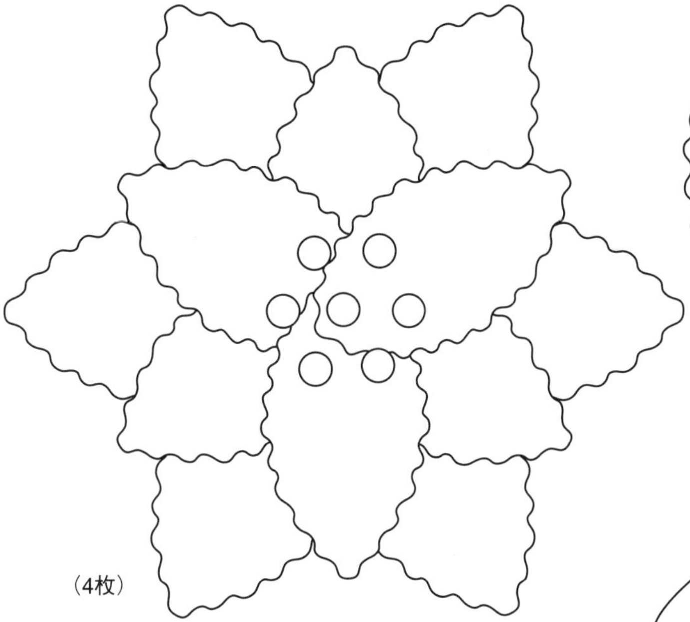

（4枚）

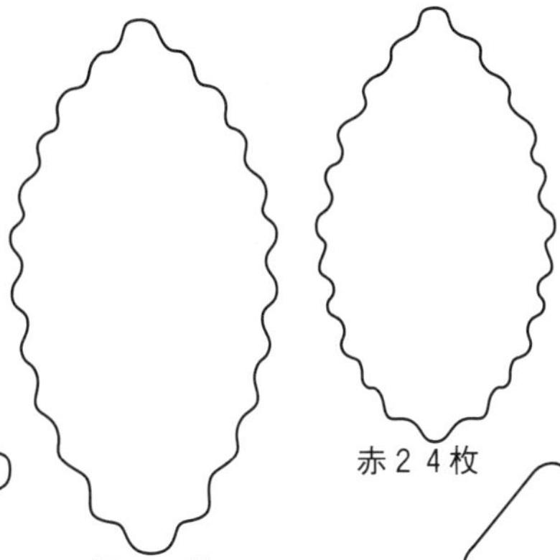

緑２４枚

赤２４枚

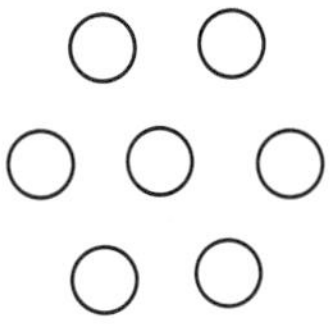

雪

バックの木々

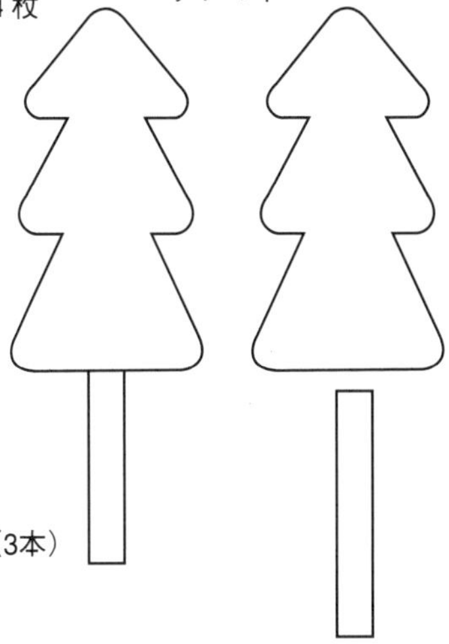

（3本）

（2本）

モミの木完成図

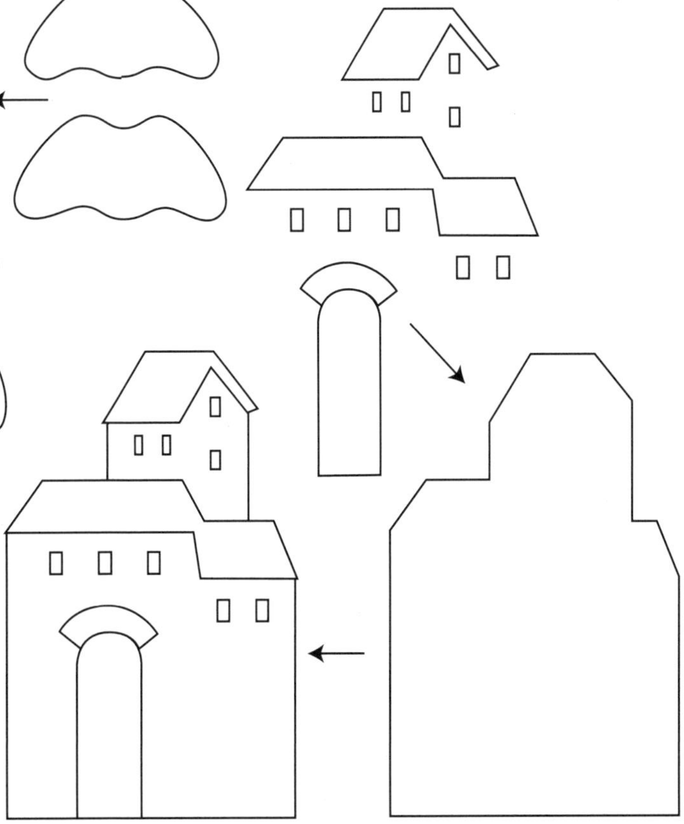

家の完成図

※すべて400％で拡大コピーしてください。

冬の壁面の型紙

P84の注意参照

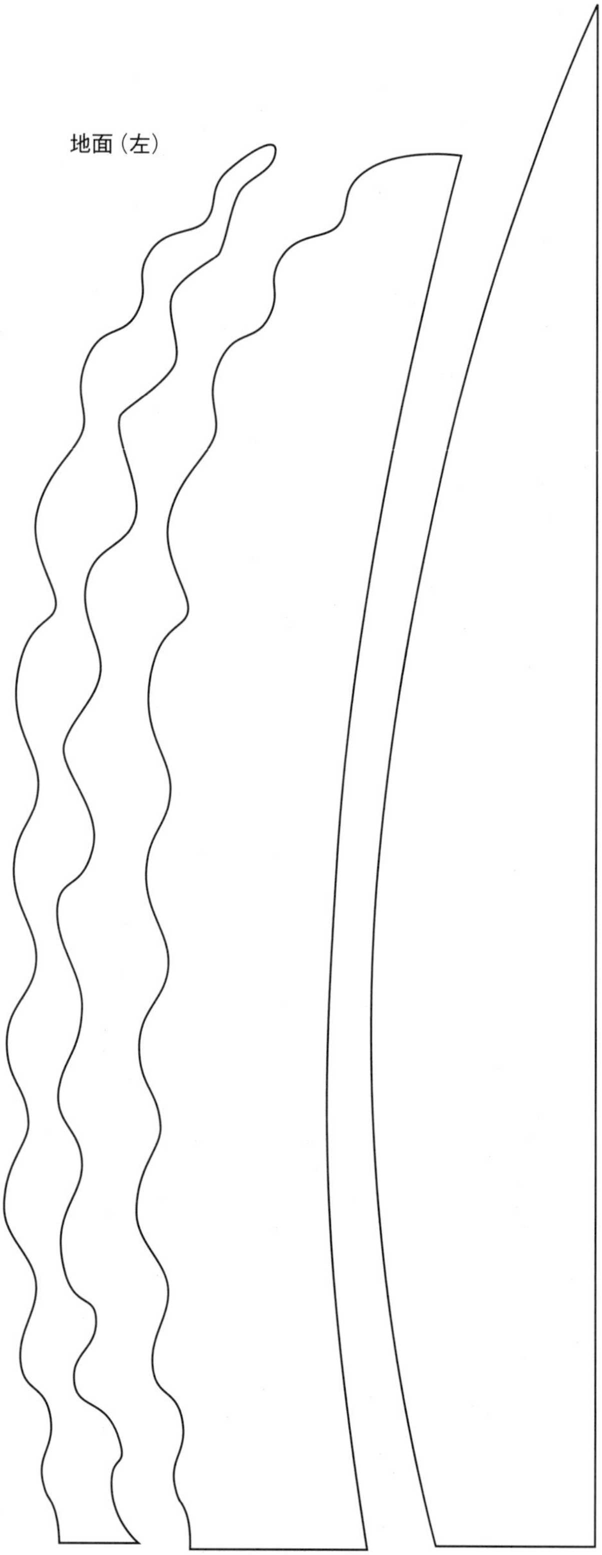

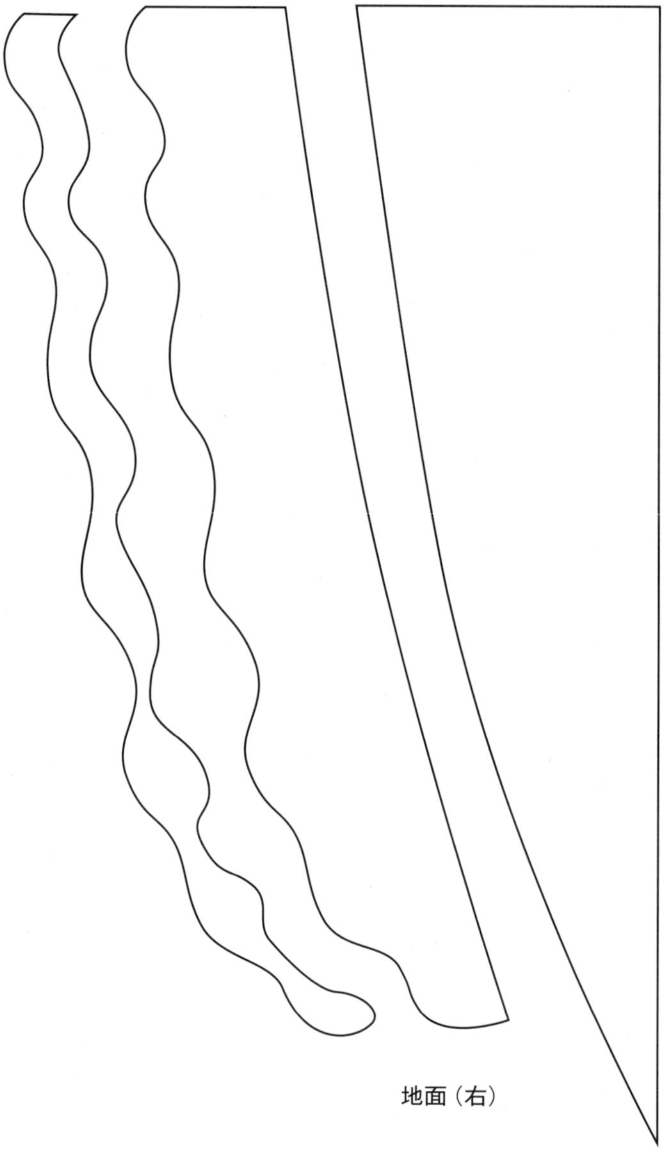

※どちらもP82・83を参考に重ね、
はり合わせてください。

※すべて200%で拡大コピーしてください。

冬の草花の型紙

P84の注意参照

スイセン完成図

松完成図

竹完成図

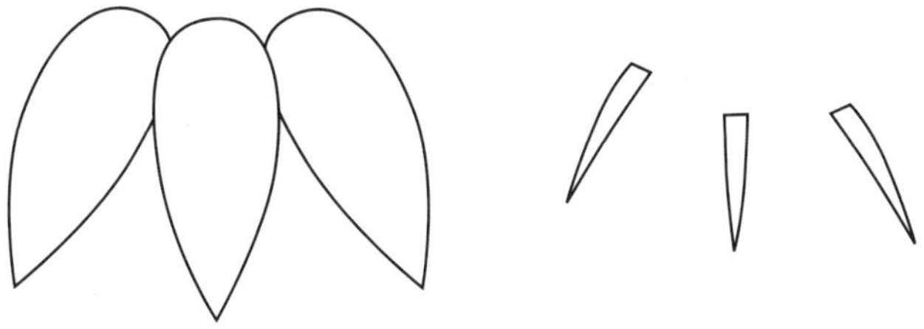

梅完成図

※すべて200%で拡大コピーしてください。

監修者

白澤　政和（しらさわ・まさかず）

大阪市立大学大学院生活科学研究科教授（社会学博士）　1974年大阪市立大学大学院修了、
日本在宅ケア学会理事長、日本老年社会科学会理事、日本ケアマネジメント学会理事、
（社）日本社会福祉士養成校協会会長、日本社会福祉学会副会長など多くの公職につく。
老人保健福祉やケアマネジメント関係の著書多数。

協力者（五十音順）

ATCエイジレスセンター
平田真紀子（ナイス・ケア大和田）
溝上凱子（福祉寮母）

高齢者ふれあいレクリエーションブック②

高齢者福祉の
ふれあいイラスト＆四季の壁面
壁面のカラー作例と型紙つき

2003年10月　初版発行
2009年７月　７版発行

監修者　白澤政和
編　者　ひかりのくに編集部　　製作・イラスト　合田修二・黒岩多貴子
発行人　岡本　健
発行所　ひかりのくに株式会社
〒543-0001　大阪市天王寺区上本町3-2-14　郵便振替　00920-2-118855　TEL06-6768-1155
〒175-0082　東京都板橋区高島平6-1-1　郵便振替　00150-0-30666　TEL03-3979-3112
ホームページアドレス　http：//www.hikarinokuni.co.jp
印刷所　日本写真印刷株式会社

Printed in Japan
ISBN 978-4-564-43032-9
NDC369.263+ 88P 26×21cm